建筑师

吕彦直集传

殷力欣 编著

中国建筑工业出版社

图书在版编目（CIP）数据

建筑师吕彦直集传/殷力欣编著. —北京：中国建筑
工业出版社，2019.3（2021.1重印）
ISBN 978-7-112-23134-8

Ⅰ.①建… Ⅱ.①殷… Ⅲ.①吕彦直（1894-1929）—
传记②吕彦直（1894-1929）—建筑学—思想评论
Ⅳ.①K826.16②TU-092.6

中国版本图书馆CIP数据核字（2018）第298087号

责任编辑：李　鸽　陈海娇
书籍设计：付金红
责任校对：芦欣甜

建筑师吕彦直集传
殷力欣　编著

＊

中国建筑工业出版社出版、发行（北京海淀三里河路9号）
各地新华书店、建筑书店经销
北京雅盈中佳图文设计公司制版
北京富诚彩色印刷有限公司印刷

＊

开本：880毫米×1230毫米　1/32　印张：9¼　字数：221千字
2019年4月第一版　2021年1月第二次印刷
定价：48.00元
ISBN 978-7-112-23134-8
　　　（33221）

序

纪念与缅怀建筑先行者吕彦直先生

中华民族的传统文化，历史悠久、深厚灿烂，在世界文明中独树一帜，并创造了以木架构为主的宏丽建筑体系。它不但在华夏大地上繁衍了几千年，而且前后影响到亚洲的许多地域。随着人类社会发展和科学进步，必然要对建筑领域不断提出新需要，特别是对各类公共建筑不同的设计理念，以及新结构、材料与设备的合理使用，而这些都是旧日中国所不具备的。为了摆脱困境，除了向海外派遣留学人员，对于国内大型或复杂的工程，就只能依靠国外。

本书介绍的吕彦直先生（1894—1929）就是早期留学归国的代表人物之一。他毕业于美国康奈尔大学建筑系，后服务于纽约墨菲建筑事务所，并参与了南京金陵女子大学校舍等设计工作。1922年归国，后自组建筑事务所，但初期未有重大建树。然而三年后出现了重大转机，在一年内竟获得了南京中山陵和广州中山纪念堂两项国家级的设计竞赛首奖。这对于他和当时的中国建筑界，都是一个难以想象和影响深远的巨大奇迹！

在上述设计中，吕彦直先生除了采用传统中国建筑的大量元素，还结合了若干国际通行的设计理念。例如将中山陵的总平面规划呈钟形，既隐射了陵墓所在地的南京钟山，又表现了象征自由的涵义。然而最可贵的是他的敬业精神，面临两项国家级的重大工程，他日以继夜奋力工作，在短期内完成了设计图纸，并按期投入施工。此外，他还兼及其他的设计项目和首都城市规划。由于长期高强度的辛勤操劳，使他患上不治之症而过早离开了人世，享年仅35岁。大匠遽逝，令人不胜伤感痛惜！

吕彦直先生短暂而灿烂的一生，给大家留下的是顽强的拼搏精神和明睿的专业智慧，给中国建筑界留下的则是一面高大有形的丰碑。他用他的行动鼓舞了新一代中国建筑师的创新精神和敬业信念，又为日后政府所提倡与推广的"民族建筑"运动，开拓了前行的道路，并提供了成功的范例。

然而我们也应看到，他所取得的巨大成就，除了来自"时势造英雄"的特殊机遇，以及自身的努力拼搏，还先后得到美国建筑师墨菲（Henry Killam Murphy, 1877—1954）的启发，国内诸同仁（如黄檀甫、李锦沛等）的协助。此外，当时他并非孤军独战，因为国内还有一批中国建筑师也在致力促进建筑设计民族化的实现。如与他同在上述两次设计竞赛中，先后获得第二名、第三名的范文照和杨宗锡；而日后在南京地区设计并建成大量此类建筑的杨廷宝先生，更是将这一理念和实践推向了又一个高峰。然而要深入研究并认识我国传统建筑的特色，并将它有机地融合到今天的建筑设计中，绝非一朝一夕之功得以奏效。对中国建筑文化底蕴的探索是无止境的，故吕彦直先生的探讨也是阶段性的成果，有待后来者薪火相传、继续探求，中国建筑乃可有前途更加光明的未来。

本书是首次系统介绍吕彦直先生生平与成就，并将其遗存的文稿、设计图稿等合集出版的专著。编著者殷力欣先生为收集各类相关文献资料、撰写评传文稿，曾耗费了大量时间和精力，在文献考据和作品分析上很见其史论并重的功力。作为一位首攻中西方艺术比较史，后又转攻中国建筑历史的学者，其敬业精神和辛勤努力，一直得到大家的赞誉和钦佩。为此预期，他将在日后诸多的工作中，获得更大、更突出的成就！

刘叙杰　识于南京东南大学
2019 年 4 月 20 日

目 录

上编　吕彦直评传

中国现代建筑的先行者
——建筑师吕彦直先生评传 / 殷力欣

中编　吕彦直先生文存

吕彦直先生文存 / 殷力欣　辑录、校订

下编　吕彦直建筑设计资料例选

上　编

吕彦直评传

中国现代建筑的先行者
——建筑师吕彦直先生评传

殷力欣

引 言

1929年3月18日，上海古拔路（今上海市静安区富民路）51号——一座西式的独幢私宅，一位才华横溢的中国建筑师在此英年早逝，年仅36岁，他的名字叫吕彦直。他所设计并监理施工建造的南京中山陵工程，预计全部工程共分三部完成，此时，第一、二部工程告竣在即，并将在约两个半月后的1929年6月1日举行隆重的"孙中山先生灵柩奉安大典"；他所设计的广州中山纪念堂刚刚在两个月前的广州越秀山下举行了奠基仪式；他所设计的位于越秀山山腰的中山先生纪念碑已初步完成基座部分，由曾任广东省政府主席的李济深（1885—1959，字任潮）所题写的碑铭也正在基座一角镌刻。[①] 所有的这一切，似乎是向世人预告，南京中山陵与广

[①] 吕彦直设计的这两组建筑，在不同时期有多个名称变化，今规范为"南京中山陵""广州中山纪念堂"。南京中山陵曾有"孙中山先生陵墓""总理孙中山先生陵墓""总理陵园""中山陵园"等称谓；广州中山纪念堂曾有"孙中山先生纪念堂""广州孙中山先生纪念堂""广州中山先生纪念堂"等称谓，而在设计建造过程中，设计者吕彦直将其与越秀山上的纪念碑视为一个整体，合称为"孙中山先生纪念堂及纪念碑"。——编著者注。

州中山纪念堂这两座伟大的建筑必将完整地呈献给国人，同时也无可奈何地承认了这样一个事实：设计者吕彦直已永远不可能在其有生之年完整地看到自己的作品了——似乎命中注定，建筑师吕彦直是仅为这两座伟大的建筑而生而殁的。

当然，从另一种意义上讲，吕彦直是抱憾而无怨无悔的，他的英名将与他的作品结合一体而名垂不朽。孙中山先生灵柩奉安大典之后的1929年6月16日，上海《申报》刊载一则署名"夭夭"的短评《吕彦直复活》，其文曰：

"著名建筑师吕彦直自绘画　总理孙中山先生陵墓图案获居首奖以后，吕氏之名，几遍全国。嗣后复应广州北平各建设厅之聘，绘画种种革命纪念建筑，表现我中华［民］①族之精神，留人们深刻纪念的印象。吕氏之功，可谓伟矣。乃总理陵墓告成，而吕氏已溘焉长逝。奉安之日参加典礼者，瞻此伟大之陵墓建筑，莫不联想绘此陵墓图案者其人。奉安理毕，六月十一日，国府会议，对于绘此陵墓图样之吕彦直，明令褒扬，并给葬费。庶几吕氏之名，将与革命纪念物同传不朽矣，吕彦直虽死，实仍活在人间也。"

由于某种时代的缘由使然，在更长的时间里，世人无不知晓中山陵，而设计建造者吕彦直的名字与事迹，却几乎是湮没无闻的。直至21世纪初，方有一些学界人士开始钩沉史料、探访旧迹，以期重新认识这位作品如山而身世如谜的建筑英才……（图1-1~图1-5）

---

① 引文中［　］内系原文缺字——编著者注。

图1-1　吕彦直（1894—1929），中国建筑师，南京中山陵与广州中山纪念堂的设计者（黄建德提供）（上）

图1-2　1929年2月，中山陵之墓室竣工，享堂即将竣工，设计者吕彦直却在一个月后逝世（殷力欣收藏）（中）

图1-3　广州中山纪念堂工地，摄于1929年2月18日（黄建德提供）（下）

摄中山先生广州纪念堂履勘工程处看楼图座样木叙摄影民国十八年二月二十日

图1-4 广州孙中山纪念碑建造工地，摄于1929年3月23日，基座曾接近完工，甚至碑铭已经镌刻，设计者却已在5天前逝世于上海（黄建德提供）

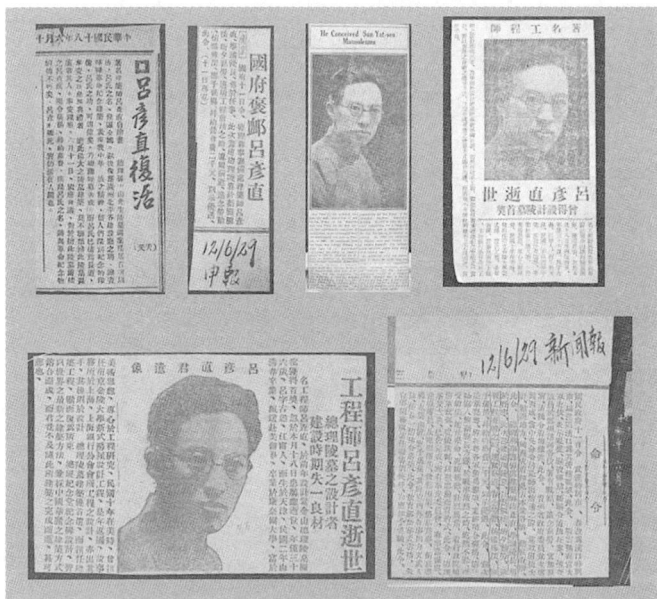

图1-5 吕彦直逝世之部分讣告（黄建德提供）

建筑师吕彦直传略

吕彦直（1894—1929），字仲宜，又字古愚，中国近现代建筑师。20世纪20年代，在中山先生逝世之后，吕彦直本着对一代伟人的敬仰，设计建造了他作为建筑师的最重要的两组作品——南京中山陵和广州中山纪念堂及纪念碑。这两组建筑凝聚了吕彦直的毕生心血，以融合中西的渊博学识和天马行空般的艺术创造力，弘扬了中华民族伟大的建筑精神，开创了新民族风格建筑的时代风气，构筑了他生命中最伟大的思想与艺术完美融合的建筑杰作。

他为这两组纪念建筑奉献出了自己全部的青春和才识，他的忘我精神感召着他周围的同伴，故在他辞世后，他的同事和挚友黄檀甫、李锦沛等，以同样的努力继续奋斗，完成了他的未竟事业。

（一）吕彦直之早年生涯（1894—1924年）

1894年7月28日，吕彦直出生于天津，籍贯安徽滁县。父亲吕增祥，系晚清官吏，曾出任驻日使馆参赞，回国后任天津直隶州知州（五品官阶），任内与直隶总督李鸿章过从甚密，又与维新派国学家、翻译家严复（1854—1921）相邻相知，两家子女多有通婚。吕增祥育有四子三女，吕彦直为其次子。吕增祥于1903年在天津病逝。

按吕彦直先生的籍贯，在其生前身后流传三种说法：山东东平人[1]，安徽滁县（今滁州）人和江苏江宁人。这其中，籍贯为安徽滁

---

[1] 颜晓烨.吕彦直[J].装饰，2008（7）：68.

县之说，近来渐为多数研究者所宗。持籍贯江宁说者，除以 1929 年 3 月 21 日《申报》《上海民国日报》《广州民国日报》《新闻报》等发布的关于吕彦直病逝"通稿"为依据外，似乎还可找到另一根据：吕彦直先生自道"南京为弟之桑梓"。

《申报》："著名工程师吕彦直逝世。曾得设计紫金山陵墓图样首奖。工程师吕彦直，于前年设计紫金山总理陵墓图案，获得首奖。忽于本月十八日患肠癌逝世，年仅三十六岁。吕彦直字古愚，江宁人，而生于天津……"①

吕彦直 1928 年 6 月 5 日致夏光宇函中写道："定都南京为总理最力之主张。在弟私衷以为此钟灵毓秀之邦，实为一国之首府，而实际上南京为弟之桑梓，故其期望首都之实现尤有情感之作用……"②

一个人的成就与其籍贯本非攸关宏旨，但为将来的纵深研究着想，考证一个人的确切籍贯，也是有必要的。为此，本文在写作中有幸得到了吕彦直先生的侄外孙女薛晓育女士的帮助，可以确认：

1. 吕家近几代一直明白无误自认是安徽省滁县人，吕彦直先生之胞兄吕彦深先生留有文件可资证明。

2. 吕家籍贯与江宁没有关系。吕彦深、吕彦直的父亲吕增祥原籍本不是安徽省滁县，为应试科举，借滁县籍赴考，故从那时起，吕家籍贯即正式为安徽省滁县。

为此，薛晓育女士向本文作者出示其外祖父吕彦深先生（即吕彦直之胞兄）1914 年出任驻巴拿马总领事馆主事时的文件一帧，

---

① 著名工程师吕彦直逝世 [N]. 申报，1929[1929-3-21].
② 见本书中编·附录二。

上明确记载："总领事馆主事吕彦深，现年二十四岁，安徽滁县人。三代：曾祖如松（殁）、祖凤翔（殁）、父增祥（殁）。"至于"借籍赴考"之前的吕家出自何省份，薛晓育女士表示：远祖确系山东人氏，但不一定是东平人——因年代久远，已无家谱之类的确切记载。现在仅仅因为在山东东平找不到吕凤翔、吕增祥的记载而否定吕家出自山东，似乎证据不足。

近年有学者卢洁峰女士著《吕彦直与黄檀甫》①，成果颇丰，但言吕彦直父名为吕凤祥，亦系未见吕彦深档案之讹误，在此代作纠正。卢著中记载吕增祥子女生平资料甚详，可资参考。长子吕彦深（1891—1972），曾就读于南京金陵学校，通晓五国语言，1913年入中国政府外交部为职业外交家，1914年任驻巴拿马领事，抗战期间在重庆任职，1947年移居美国，其妻严琦系严复之女；三子吕彦红（1896—1966），曾师从顾颉刚教授研习中国历史，1949年后为中国图书公司特约编辑（无固定工资，按劳计酬），终身未娶，1966年初在南京死于贫病；四子吕继超（1898—1932），为中共上海地下党员，相传1929年后继承吕彦直遗产，以此开办金马书堂（附设印刷厂）作为地下工作的掩护和经费来源，1934年病逝于上海，无子嗣；长女名字失记，嫁严复门生伍光建；次女吕静宜嫁严复长子严伯玉，严伯玉为民初外交家；三女名字失记，嫁罗仪韩氏。

至此，似可明确：吕彦直，出生于天津，籍贯为安徽滁县，远祖来自山东。至于吕彦直先生之自谓"南京为弟之桑梓"，则可确认：此处的"桑梓"，因吕先生曾在此地学习、生活、工作（在设计中山陵之前，即曾协助墨菲设计过金陵女子文理学院等作品），

---

① 卢洁峰. 吕彦直与黄檀甫——广州中山纪念堂秘闻 [M]. 广州：花城出版社，2007.

对南京怀有很深的感情,故其视南京为故乡(桑梓)或曰第二故乡,也是很正常的。此外,早在明代,南京、滁州一带均属省级建制的南京(南直隶)范围之内,直到清初,江苏、安徽也同属江南省。故滁县人在明代可以自称为南京人或南直隶人,在清初则可自称江南人,犹如今之保定人或张家口人都可以泛称为河北人。以中山先生赴明孝陵谒陵为例,民国初年许多人也确有在多种领域"反清复明"的意识。因此,如果吕彦直在撰文时以滁县人为大行政区划意义上的南京人,也无不可,何况当时的南京确实已恢复了首都地位,吕彦直正在从事民国南京的规划工作。吕彦直视南京为故乡或第二故乡,也从一个侧面反映了他本人心理上的文化认同倾向,说明他殚精竭虑地设计中山陵、规划南京城市建设,很大程度是带有对南京这个第二故乡的眷恋和文化归属情愫的。当然,此处对吕彦直"桑梓"的理解,纯系笔者的一家之言,是否成立,有待方家指正(图1-6)。

1903年,9岁。因上年丧父失怙,又恰值本年二姐吕静宜(约长吕彦直10岁左右)随其夫严伯玉(严复长子)赴法国巴黎就任大清国驻法参赞任,年仅9岁的吕彦直遂随二姐往法国暂住,并在那里接受启蒙教育。

按吕彦直自1904—1908年寄居法国巴黎,期间究竟在哪个学校读书,无明确记载。吕彦直遗物中有一帧摄于1905年的纪念照,上有"迈达先生惠存 吕彦直敬呈"的题记。据吕彦直亲友回忆,迈达先生系巴黎的一名小学女教师,吕彦直1920年重访巴黎时曾拜访过她,感谢其启蒙教诲之恩。由此,大致可旁证他在法国是接受过小学教育的(图1-7)。

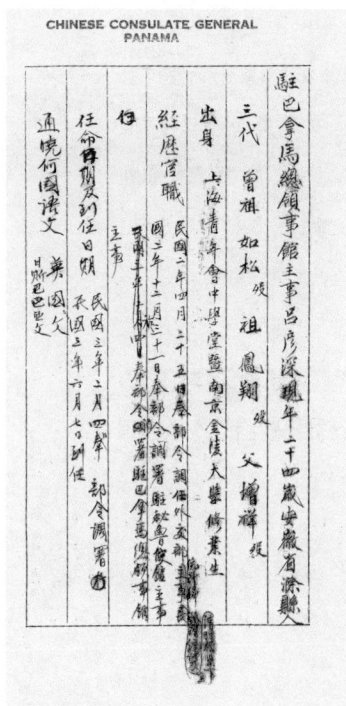

图1-6　吕彦深1914年任驻巴拿马总领事馆主事之档案（薛晓育提供）

图1-7　吕彦直11岁（1905年）在巴黎之童年照纪念卡（黄建德提供）

吕彦直评传　上编

011

又，中国建筑师学会 1933 年 7 月刊行之《中国建筑》第一卷第一期刊载一篇未署名短文曰《故吕彦直建筑师传》（以下简称"吕彦直小传"），记载其少年即展露出艺术天赋，文笔颇为生动："君生天津，八岁丧父，九岁从姊往法国，居巴黎数载，时孙慕韩亦在法，君戏窃画其像，俨然生人，观马戏，还家绘狮虎之属，莫不生动，盖艺术天分至高也（图 1-8）"。[1]

1908 年，14 岁。严伯玉卸任，携眷归国，吕彦直遂返回天津。不久，经严伯玉介绍，入北京五城学堂，师从著名学者林纾先生读书，有"国学文采，斐然称侪辈冠"之美誉。

"吕彦直小传"中也有记载："回国后，入北京五城学堂，时林琴南任国文教授，君之文字为侪辈之冠。"[2]

1911 年，17 岁。清华学堂初设（1912 年更名为清华学校），经考试，就学于清华学堂留美预备部。

按吕彦直出身官宦，其父兄等与严复、林纾等文化名流多有过从，又少年旅居海外，耳闻目染，遂有中西文化之双重浸染，为日后和衷中西文化，打下了坚实的基础。

1913 年，19 岁。公费赴美，入康奈尔大学，先攻读电气专业，后转入建筑系学习。

---

[1]　中国建筑师学会 . 中国建筑，1933，1（1）.
[2]　中国建筑师学会 . 中国建筑，1933，1（1）.

图1-8 《中国建筑》1933年第一卷第一期之《故吕彦直建筑师传》

图1-9 吕彦直留学美国期间的设计作业（局部）（徐楠提供）

1918年，24岁。康奈尔大学建筑系毕业，获建筑学学士学位。随后入纽约墨菲建筑师事务所工作（图1-9）。

1919—1921年，在纽约墨菲建筑事务所工作。其间，协助墨菲在中国的项目，参与设计金陵女子文理学院（后称金陵女子大学，今南京师范大学）、燕京大学（今北京大学）等。这段协助建筑师墨菲工作的经历，对吕彦直影响甚大，为其日后创作打下了深厚的基础。

1921年，27岁。游历欧洲，期间结识黄檀甫并成为挚友。归国后，在墨菲事务所上海分所继续金陵女子文理学院的设计工作。

"吕彦直小传"有记："卒业后，助美国茂飞建筑师，尝作南京金陵女子大学及北平燕京大学之设计，为中西建筑参合之初步。"[1]

---

[1] 中国建筑师学会.中国建筑，1933，1（1）.

墨菲（H. K. Murphy，1877—1954，又译茂飞），美国建筑师，1899年毕业于美国耶鲁大学。墨菲曾于1914年5月来华，从此致力于将中国传统建筑样式应用于现代建筑，陆续为在中国南北各省传教的基督教会所属教育、医疗等机构规划设计了多所教会大学的校园：长沙雅礼大学湘雅医院、福州福建协和大学、南京金陵女子大学、北京燕京大学以及广州岭南大学的部分建筑。1914—1923年，墨菲在美国开办建筑事务所；1924年起大部分时间在华居住，从事建筑设计与教育活动；1928年，墨菲受聘于国民政府"首都建设委员会"，与古力治、帕金斯、帕斯卡尔等一批外国顾问一起，参与拟订了南京建设纲领性文献《首都计划》。曾有传言说墨菲在华期间多次考察、测绘北京紫禁城等中国古代建筑经典，吕彦直曾参与其事。但从吕氏、墨氏各自的履历看，这个传说似乎不确。吕氏对明清宫殿式建筑的认识，应该是缘自其在北京五城中学、清华学校读书期间之耳闻目染。至于吕彦直在墨菲建筑师事务所工作时参与设计南京金陵女子大学校舍一事，则有建筑史家赖德霖教授近年的发现佐证：赖氏在美国耶鲁大学图书馆查阅金女大原设计图时，发现其设计图右下角有吕氏签名（Y. C. Lu），可证吕彦直作为重要助手协助墨菲设计之毋庸置疑[①]；而其在参与设计燕京大学时做何具体工作，尚有待考证（图1-10、图1-11）。

1922年，28岁。在上海从事建筑设计工作。

3月，因故辞墨菲事务所职，转而供职于过养默[②]、黄锡麟开设的东南建筑公司（与黄檀甫同事）。期间曾设计上海银行公会大楼。

---

① 赖德霖. 中国近代建筑史研究 [M]. 北京：中国建筑工业出版社，2007：398.
② 过养默，祖籍江苏无锡，1895年出生。曾留学于康奈尔大学土木工程系、哈佛大学和麻省理工学院，设计作品有首都最高法院、上海康定路顾维钧宅等。

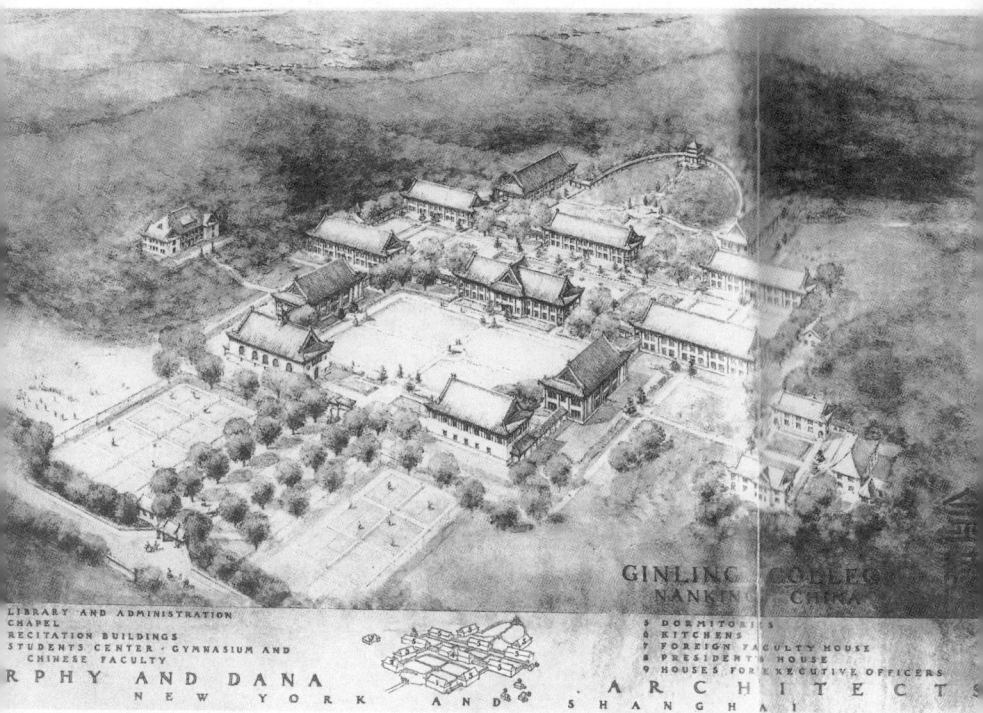

LIBRARY AND ADMINISTRATION
CHAPEL
RECITATION BUILDINGS
STUDENTS CENTER · GYMNASIUM AND
CHINESE FACULTY

GINLING COLLEGE
NANKING CHINA

5 DORMITORIES
6 KITCHENS
7 FOREIGN FACULTY HOUSE
8 PRESIDENT'S HOUSE
9 HOUSES FOR EXECUTIVE OFFICERS

RPHY AND DANA
NEW YORK AND SHANGHAI
ARCHITECTS

图 1-10 吕彦直约于 1919 年 6 月开始绘制金陵女子大学校舍图（赖德霖提供）

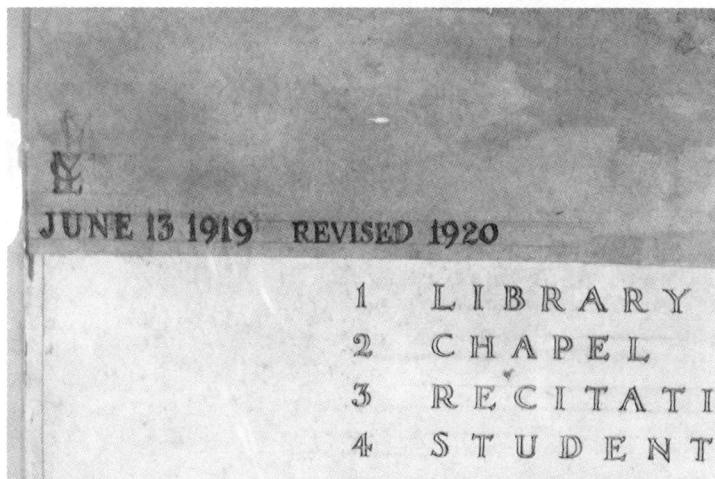

JUNE 13 1919 REVISED 1920

1 LIBRARY
2 CHAPEL
3 RECITATI
4 STUDENT

图 1-11 金陵女子大学校舍图局部——绘制者吕彦直之英文签名（赖德霖提供）

吕彦直评传 上编

此建筑粗看似与当时所流行之西方古典式、折中式建筑作品相类似，但实地考察并参阅设计图，则可知是设计者针对狭窄街巷的特定空间，考虑到街对面建筑的采光问题等，做出了为环境因素而有所变通的周密设计。可以说，这个设计虽是吕彦直初出茅庐的尝试之作，但已然展露了他作为优秀建筑师的独到眼界和过人才具。（详后）

按关于上海银行公会大楼的设计者，今上海香港路旧址之标牌写作"过养默设计"，但吕彦直逝世后的讣告则写明"上海银行公会会所工程之设计，亦出其手"[1]，之后的1933年"吕彦直小传"也采纳此说："十年回国，与过养默、黄锡麟二君合组东南建筑事务所，成绩则有上海银行公会等，"[2]而过氏对此说并无异议。该建筑竣工于1925年，时吕彦直已脱离东南建筑公司，而过养默又是该公司的负责人，或此乃世传过氏为设计者之由（图1-12）。

图1-12 吕彦直设计上海银行公会（殷力欣摄于2015年）

---

① 工程师吕彦直逝世.上海民国日报.1929[1929-3-21].此为黄檀甫先生所撰新闻通稿，另有《申报》《新闻报》《广州国民日报》等同日刊载。

② 中国建筑师学会.中国建筑，1933，1（1）.

1923年，29岁。东南公司合同期满后，与挚友黄檀甫一起离职，合办"真裕公司"，承接建筑设计、修缮设计及房屋租赁等业务。

黄檀甫（1898—1969），祖籍广东台山，吕彦直之挚友与合作伙伴，1920年毕业于英国利兹大学毛纺系，1922年与吕彦直共同创办了真裕公司。1925年9月中山陵墓图案评奖结果揭晓后，吕彦直与黄檀甫设立彦记建筑事务所，黄檀甫作为计划工程师主要负责经营管理。吕彦直逝世后，他为保存亡友的设计资料、文献等，付出了毕生心血。黄檀甫先生去世后，其子女黄建武、黄建文、黄建德等继承乃父遗愿，继续为妥善保存吕彦直生平资料、向世人介绍吕彦直建筑设计成就及建筑思想作出不懈努力，如将大量珍贵资料捐赠南京博物院，为研究者提供无偿支持等。本书之完稿即受惠于黄氏兄妹特别是黄建德先生的慷慨扶助。

1924年，30岁。与范文照、张光忻、庄俊、巫振英等人在上海成立中国建筑界第一个学术团体"上海建筑师公会"。

（二）吕彦直之盛年（1925—1929年）

1925年，31岁。是年3月12日，孙中山先生在北京逝世。国民党人倡议建造南京中山陵，为此专设"孙总理丧事筹备委员会"。

早在1912年3月31日孙中山辞临时大总统职务之后，于4月1日与胡汉民等人往南京紫金山打猎，行至此山中部南坡，曾对同行者言："候他日逝世，当向国民乞求一抔土，以安置躯壳耳！"据此生前愿望，北洋政府下令国葬孙中山于南京紫金山南麓，由孙中山夫人宋庆龄女士偕同长子孙科等实地勘察，选定中茅山一地为墓址。在正式的孙中山陵墓未建成之前，灵柩就近暂厝北京西山碧云寺金刚宝座塔内（图1-13~图1-15）。

5月13日，孙中山先生丧事筹备委员会（原称"孙总理丧事筹备委员会"）通过《孙中山先生陵墓建筑悬奖征求图案条例》，并登报征集，期限截至9月25日。其条例第二条曰："祭堂图案须采用中国古式而含有特殊与纪念之性质者，或根据中国建筑精神特创新格亦可。"出于对孙中山先生的敬仰和思想观念上的高度认同，吕彦直决定参加这个设计竞赛。他按章在丧事筹备委员会领取墓地地形照片及紫金山地形标高图，多次赴南京紫金山之中茅山南坡踏勘，经过深思熟虑，如期绘制完成设计方案图10张（具体名目为：①墓地鸟瞰图；②陵墓鸟瞰图；③全部正面立视图；④祭堂平面剖视图；⑤祭堂正立面图；⑥祭堂侧面立视图；⑦祭堂侧面透视图（油画）；⑧祭堂横切剖视图；⑨祭堂纵切剖视图；⑩全部纵切剖视图）及说明文《孙中山先生陵墓建筑图案说明》应征。

9月20日，吕彦直设计方案获得南京中山陵设计竞赛应征图案首奖（范文照、杨宗锡分获二奖、三奖）。孙中山先生丧事筹备委员会所聘评委们对这个设计方案给予了高度评价：

"完全融汇中国古代与西方建筑精神，特创新格，别具匠心，庄严俭朴，实为惨淡经营之作，墓地全局，适成一警钟形，寓意深远。"

本月注册上海彦记建筑事务所（图1-16~图1-18）。

11月3日，孙中山先生丧事筹备委员会与彦记建筑事务所正式签订合同，吕彦直率彦记建筑事务所继续绘制中山陵墓设计详

图 1-13　1925 年 4 月，孙中山灵柩暂厝北京碧云寺（黄檀甫旧藏）

图 1-14　孙中山遗孀宋庆龄与孙中山长孙孙治平在碧云寺守灵（黄檀甫旧藏）

图 1-15　葬事筹委会指定的陵墓位置（《良友》1926 年 11 月"孙中山先生纪念特刊"）

panorama of Chung Shan, Nanking, the spot with
ow being the place where the tomb to be erected.

钟山墓地全阔壮有头处即将来建筑陵墓之箭头所在也。

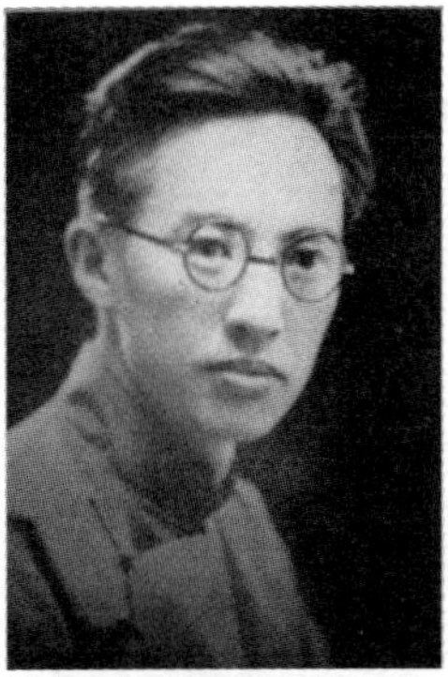

图 1-16　获得南京中山陵设计比赛第一名后的吕彦直（黄建德提供）

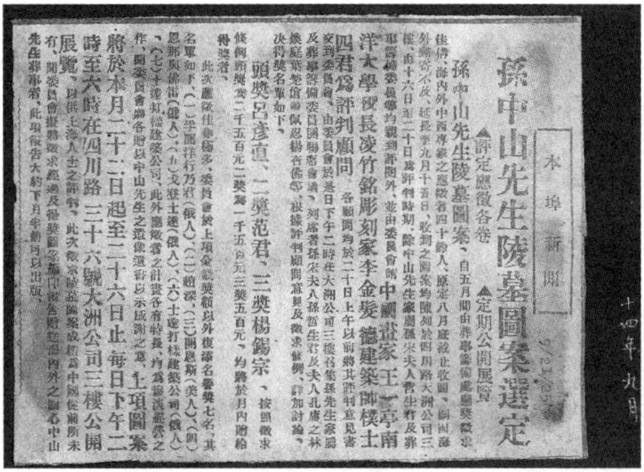

本埠新聞

孫中山先生陵墓圖案選定

▲評定應徵各卷　▲定期公開展覽

孫中山先生陵墓圖案、自五月間由葬事籌備處懸獎徵求佳構、海內外中西專家之應徵者四十餘人、原定八月底截止收圖、嗣因海外郵寄不及、延長至九月十五日、收到之圖案均陳列於四川路大洲公司三樓、由十六日至二十日為評判時期、除中山先生家屬孫宋夫人孫生君及葬事籌備委員會均親到評閱外、並由委員會聘請中國畫家王一亭、南洋大學校長凌竹銘、彫刻家李金髮、德建築師樸士四君為評判顧問、各顧問均於二十日上午以前將其評判意見書交到委員會、由委員會於是日下午二時在大洲公司三樓召集孫先生家屬及葬事籌備委員開聯席會議、列席者孫宋夫人孫哲生君及夫人孔庸之林煥庭葉楚傖楊杏佛等、根據評判顧問意見及徵求條例、詳加討論、決得獎名單如下、

頭獎呂彥直、二獎范君、三獎楊錫宗、按照徵求條例頭獎當二千五百元二獎當一千五百元三獎五百元、均將於月內贈給得獎者、

此次應徵佳作極多、委員會於上項金錢獎額以外復添名譽獎七名、其名單如下、（一）孚開洋行乃君（俄人）、（二）趙深、（三）開恩斯（美人）、（四）恩那與佛雷（俄人）、（五）戈登士達（俄人）、（六）士達打樣建築公司（俄人）、（七）士達打樣建築公司、此外應徵者之計畫各有特長、均為慘淡經營之作、聞委員會將各贈以中山先生之遺像還答以示感謝之意、上項圖案將於本月二十二日起至二十六日止每日下午二時至六時在四川路三十六號大洲公司三樓公開展覽、以供上海人士之評判、此次徵求陵墓圖案為中國從前所未有、聞委員會擬將徵求經過及得獎圖案編印專冊贈送海內外之關心中山先生葬事者、此項報告大約下月半前可以出版、

图 1-17 《申报》1925 年 9 月 21 日“中山陵图案选定”（黄建德提供）

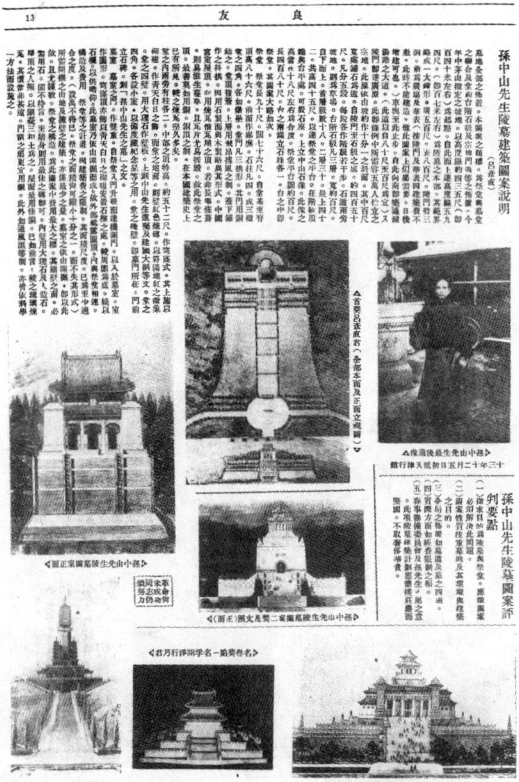

13　良友

孫中山先生陵墓建築圖案說明（呂彥直）

孫中山先生陵墓圖案評判要點

图 1-18 《良友》画报载吕彦直中山陵设计竞赛说明及范文照、杨宗锡之二、三奖图案与孚开洋行乃君之名誉奖图案（《良友》1926 年 11 月“孙中山先生纪念特刊”）

图、制作建筑模型，并监理施工事宜。按当时的行业规范，吕彦直负有五项职责：总体设计、施工详图、经济核算、审计和工程监理。

12月，经两个月的辛勤劳作，至本月底完成设计样图"初定稿"，并拟定中山陵工程实施计划。中山陵工程将分三部进行：第一、二部工程包括陵墓、祭堂、平台、石阶、墓道和围墙等；第三部工程包括牌坊、陵门、碑亭、碑石和卫士休息室等。筹划工作异常繁复，吕彦直积劳成疾。

按此处所谓"初定稿"，系笔者为研究述论方便而自定，并非吕彦直设计命名。将这份"初定稿"与竞赛方案图稿相比，可能最大的差异在于祭堂、碑亭、陵墓等的屋顶瓦面处理。竞赛方案基本沿用明清宫殿屋顶之筒瓦、正脊吻兽、垂脊仙人走兽的样式，而在构件的材质方面，拟以铜质材料代替陶瓦质材料。他在《孙中山先生陵墓建筑图案说明书》中说："中国宫室屋顶向用炼瓦，惟瓦屋之顶，若长事修葺，则易滋生蔓草，且瓦片尤易折毁，故此祭堂之顶，最善莫如用铜。铜顶之制，在本国已有所见，较之炼瓦坚久多矣"（原载《申报》1925年9月23日）。[1] 此次"初定稿"中的正脊、垂脊、正吻、仙人走兽等造形不变，但瓦面却由原竞赛方案中的板瓦、筒瓦仰合铺砌，改作鱼鳞状青铜瓦片铺砌。1925年12月25日彦记建筑事务所设计图稿中明确注明"Bronze Roof & Ornament"（青铜屋顶和装饰物），又注明"Under Separate Contract"（不包含在此合同内），似乎这个改进设计方案还只是设计方的改进，尚须与孙

---

① 参阅本书中编：吕彦直《孙中山先生陵墓建筑图案说明书》。

吕彦直评传

上编

021

中山先生丧事筹备委员会、工程承包方等协商确认，重新修改原工程合同后方可实施。

又鱼鳞状铺砌瓦面的做法，有纯西式的牛舌瓦铺砌、承德外八庙的银杏叶状瓦片铺砌这两种常用做法。当时承包中山陵工程的上海姚新记营造厂、上海新金记康号营造厂等似乎更熟悉西式的牛舌瓦铺砌的施工工艺（图1-19、图1-20）。

1926年，32岁。广州孙中山先生纪念堂纪念碑筹备委员会成立，由国民党元老李济深主持。

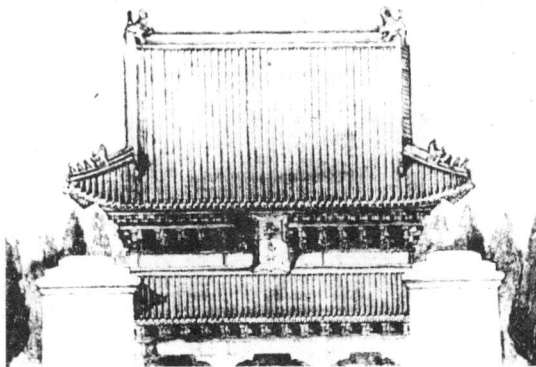

图1-19 设计竞赛方案局部——祭堂宫殿式脊饰及铺瓦做法

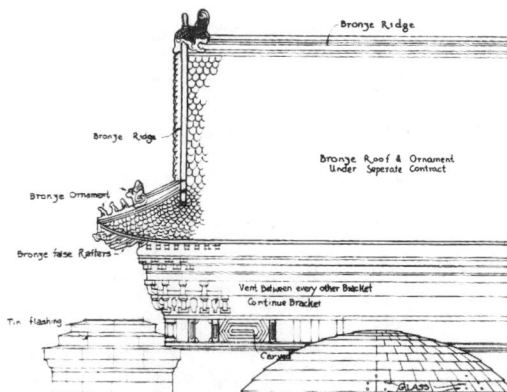

图1-20 1925年12月5日设计初定稿变化——祭堂屋顶青铜饰物及鱼鳞状铜瓦面

1月，中山陵第一部、第二部工程同时开工。具体的工程建设方面，选定上海姚新记营造厂、上海新金记康号营造厂承担此二部工程（后第三部工程选定上海陶馥记营造厂承担）。

2月23日，《广州民国日报》刊登《悬赏征求建筑孙中山先生纪念堂及纪念碑图案》。因忙于中山陵工程且囿于身体状况，吕彦直本有放弃应征的想法，但出于对中山先生的敬仰，又经友人力劝，决定抱病应征。带病完成中山陵大部分施工详图，同时构思广州孙中山先生纪念堂及纪念碑设计方案。

3月12日，中山陵奠基典礼在南京举行，吕彦直因病不能到会，委派黄檀甫先生在典礼上发言，代为阐释其设计观念和建筑思想，指出："一国家一民族之兴衰，观之于其建筑之发达与否，乃最确实之标准。盖建筑关于民生之密切，无在而不表示其文化之程度也。故中华民族而兴隆，则中华之建筑必日以昌盛。"（图1-21~图1-23）

图1-21　代表吕彦直参加1926年3月12日中山陵工程奠基典礼的黄檀甫先生（黄建德提供）

图1-22　中山陵奠基仪式报讯

The laying-stone ceremony of S'n Yat-sen Memorial Hall at Canton by the Second National Conference of Kuoming. R presentatives from all over China and abroad. (January, 1926)

图 1-23　1926 年 3 月 12 日奠基仪式现场（《良友》1926 年 11 月 "孙中山先生纪念特刊"）

5 月，北伐战争揭开序幕。由于国内政局动荡、南京紫金山地质地貌复杂、资金拮据、运输道路不畅、工程机械短缺以致过分依赖人力等因素，中山陵工程进展较预计缓慢（原计划第一、二部工程约用时一年）。

7 月 19 日，孙中山先生丧事筹备处发函催促工程进度，强调 "应有胜任之工程师常川驻山监工"，而彦记建筑事务所一时找不到合适的人选，吕彦直只能抱病往来于沪宁之间，继续亲理工程督导之责。

8 月，获得广州中山纪念堂及纪念碑设计竞赛应征图案首奖（范文照、杨宗锡分获二奖、三奖）。

按吕彦直作广州中山纪念堂及纪念碑设计时，其本人是否曾亲赴广州作实地勘察，没有明确记载，后世学者大多持吕彦直未曾实地考察的意见。不过，从其为设计中山陵而曾先期专程赴南京紫金山实地勘察的前例推测，似乎也不能完全排除曾赴穗作短期逗留的可能（图1-24~图1-26）。

9月，因过度劳累再次病倒，自南京返回上海，工程监理全权委托计划工程师黄檀甫。

11月，广州孙中山先生纪念堂筹备委员会依中山陵工程旧例，与吕彦直签订工程师合同。

12月，养病期间继续完善广州纪念堂设计细节。为高质量如期完成南京、广州两地两大工程，彦记建筑事务所先后聘请李锦沛、裘燮均、庄允昌、卓文扬、李铿、冯宝龄等建筑师、结构工程师分担广州孙中山先生纪念堂的施工设计、监理工作。

按李锦沛（1900—？），字世楼，广东台山人。1920年毕业于美国普赖特学院建筑科，后又入麻省理工学院和哥伦比亚大学进修建筑；1923年回国工作，1945年后赴美定居。卒年不详。吕彦直

图1-24 1926年8月，吕彦直设计广州中山纪念堂及纪念碑再获首奖1——纪念堂部分（黄建德提供）

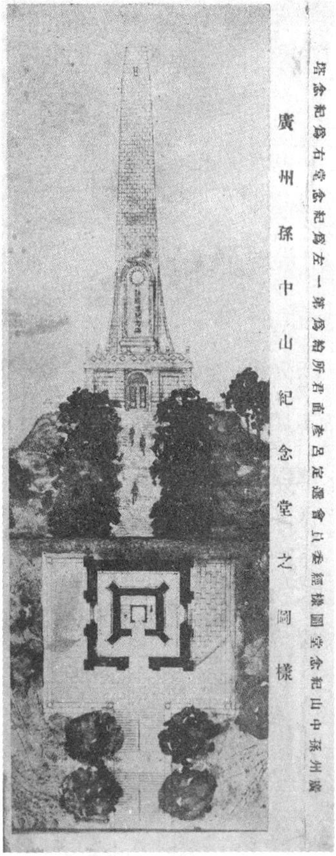

图 1-25　吕彦直设计广州中山纪念堂及纪念碑再获首奖 2——纪念碑部分（黄建德提供）

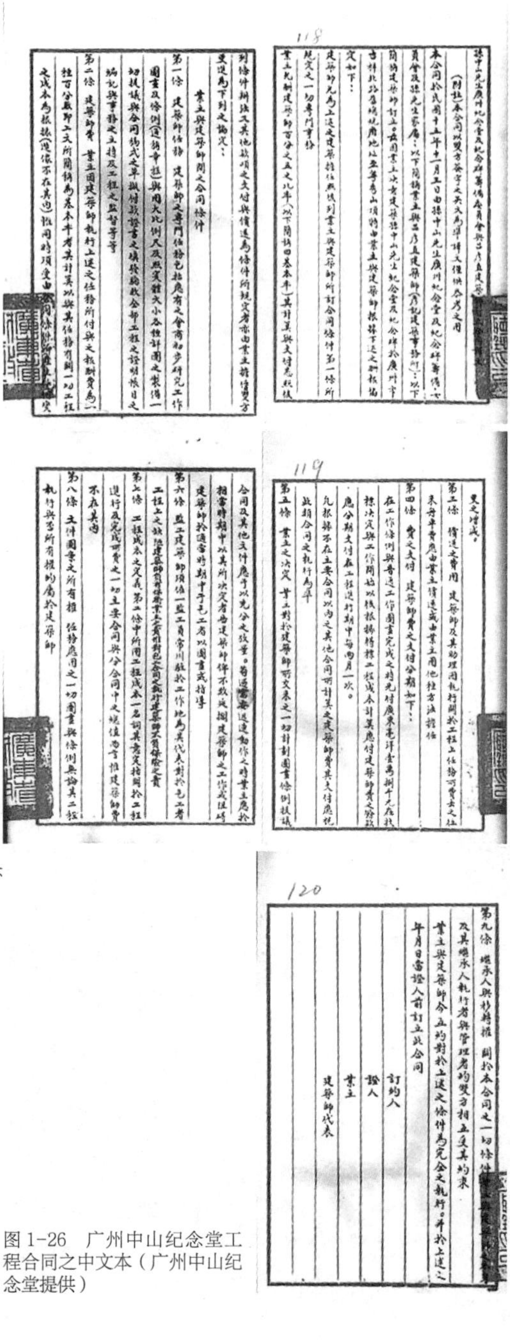

118

孫中山先生廣州紀念堂及紀念碑籌備委員會與呂彥直建築
（附註）本合同以雙方簽字之英文為準譯文僅供參考之用
本合同於民國十五年十一月五日由孫中山先生廣州紀念堂及紀念碑籌備委
員會及孫先生家屬（以下簡稱業主）與呂彥直建築師（彥記建築事務所）（以下
簡稱建築師）訂立。茲因業主決意建築孫中山先生紀念堂及紀念碑於廣州市
吉祥北路舊總統府地址及粵秀山頂均由業主與建築師根據下述之辦法協
定如下：
建築師允為上述之建築擔任與後列業主與建築師所訂合同條件第一條所
規定之一切專門事務
業主允酬建築師百分之五又九年（以下簡稱回扣本年）其計算與支付悉根據
列條件辦法及其他款項之支付與償還為條件所規定者亦由業主擔任償還雙方
更從為下列之協定：
業主與建築師間之合同條件
第一條　建築師任務　建築師之專門任務包括應有之會商初步研究工作
圖畫及條例（建築章程）與用大比例尺及照實體大小各種詳圖之裝備一
切投標與合同格式之草擬辦理證書之填發編載全部工程之證明帳目之
編記與事務之主持及工程之監督等等
第二條　建築師費　業主因建築師執行上述之任務所付與之報酬費為一
種百分數即工丈所開稱為基本年者其計算以與其任務有關一切工程
之成本為根據（建築師不在其內）按照時期支由合同條件……

119

更之增減。
第三條　償還之費用　建築師及其助理因執行關於工程上任務所費去之往
來舟車費應由業主償還或由業主用他種方法擔任
第四條　費之支付　建築師費之支付分期如下：
在工作條例與普通工作圖畫完成之時先付廣東毫洋壹萬捌千元在投
標決定與工作開始以後根據特標工程成本計算應付建築師費之餘款
應分期支付在工程進行期中每兩月一次。
凡根據不在主要合同以內之其他合同所計算之建築師費其支付應視
此類合同之執行為準
第五條　業主之決定　業主對於建築師所交來之一切計劃圖畫條例（建築
合同及其他文件應予以充分之考量。若遇需要從速動作之時業主應於
相當時期中以其所決定者函達建築師俾不致延擱建築師之工作或阻礙
建築師於適當時期中予包工者以圖畫或指導
第六條　監工建築師　須派一監工員常川駐於工作地為其代表對於包工者
工程上之缺點建築師負有保證業主之責但對包工合同之執行建築師不負保險之責
第七條　工程成本之定義　第二條中所用工程成本一名詞其意義指關於工程
進行及完成所費之一切主要合同與分合同中之總值而言惟建築師費
不在其內
第八條　文件圖畫之所有權　任務應用之一切圖畫與條例無論其工程
執行與否所有權均屬於建築師

120

第九條　繼承人與移轉權　關於本合同之一切條件
及其繼承人執行者與管理者均受雙方相互遵其約束
業主與建築師各互均對於上述之條件為完全之執行。並於上述之
年月日當證人前訂立此合同
訂約人
證人
業主
建築師代表

图 1-26　广州中山纪念堂工程合同之中文本（广州中山纪念堂提供）

病逝后，李锦沛受孙中山葬事筹备委员会之聘，以彦沛记建筑事务所的名义，负责南京中山陵、广州中山纪念堂等工程的施工图设计审核工作。李锦沛的主要建筑作品还有上海青年会大楼、南京聚兴诚银行、杭州建业银行等。李铿（清华学堂毕业，1916年赴美国康奈尔大学留学）、冯宝龄（上海工业专门学校土木学士，康奈尔大学研究院土木硕士）为著名的建筑结构工程师。裘燮均（1916年于北京清华学堂毕业后赴美留学）、庄允昌、卓文扬等三人目前生平资料不详。此六人与黄檀甫同为彦记建筑事务所的重要成员。

1927年，33岁。是年上海建筑师学会更名为中国建筑师学会，吕彦直任副会长。1926—1927年间，孙中山葬事筹备处多次开会商讨中山陵工程事宜，吕彦直抱病出席了其中的9次。

4月，完成广州中山先生纪念堂、纪念碑建筑设计总图初定稿（共23幅）。

按就现存彦记建筑事务所1927年4月30日设计详图看，至少从是日开始，纪念堂设计中的垂脊装饰，由原设计竞赛方案图稿中的沿用明清官式建筑的垂兽加仙人走兽（方案各图中仙人走兽数额为9~12尊不等，似说明设计者在这个装饰细节上还在考量之中），改为借鉴岭南民居装饰纹样的博古纹与天狗蹲兽。

又就现有资料看，吕彦直虽在广州中山纪念堂设计竞赛中中标，但尚无确凿证据表明其曾亲赴广州，而其时岭南民居资料尚不普及，故其何以能借鉴岭南民居装饰纹样，颇为费解。最大的可能是彦记建筑事务所重要成员中的黄檀甫、李锦沛等为粤籍人士，对故乡建筑样式熟稔，在吕彦直不甚满意其原设计之际，提出了借鉴岭南民居装饰纹样以完善设计的建议（图1-27、图1-28）。

图 1-27　1926 年 8 月中山纪念堂设计方案之官式脊兽

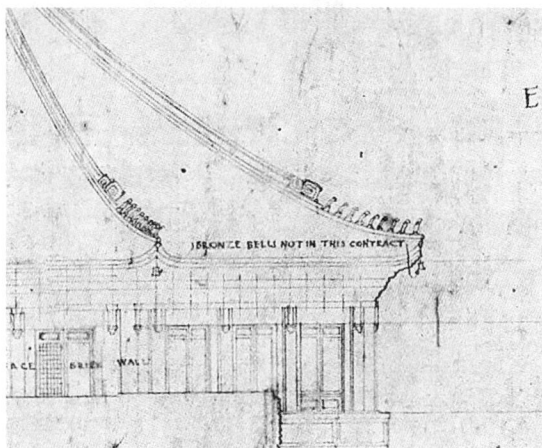

图 1-28　1927 年 4 月纪念堂设计详图之变化：改官式纹饰为岭南民居式脊饰

又近日笔者的朋友徐楠先生提供《广州文史资料存稿选编》第六册所载韩峰《吕彦直和杨锡宗》一文，提到："中山纪念堂施工时，吕彦直来广州监理工程，曾向李主席任潮上过条陈。"查李济深任广东省政府主席的时间约在 1926 年 1 月至 1927 年 4 月之间。故吕彦直曾赴穗，并因在穗亲见岭南民居装饰纹样而修改原设计的可能性也是存在的。

5 月，自上海赴南京，与邓泽如、古应芬等商议广州两工程招投标事宜。

6月，再上紫金山中山陵建筑工地检查施工进度和施工质量。为运输材料，专门铺设铁道至陵墓建筑工场（图 1-29~ 图 1-31）。

7月，国民政府正式定都南京。中山陵工程渐入正轨。至迟自是月起，吕彦直开始自发从事南京城市规划工作。

按吕彦直1928年6月5日致夏光宇函中有言："自去岁党国奠都以来，即私自从事都市设计之研究，一年以来差有心得。"①

8月，约在本月，中山陵、广州中山纪念堂之设计再次修改，确定中山陵祭堂、碑亭、陵门和广州中山纪念堂之屋顶均为蓝色琉璃瓦瓦面，脊饰以借鉴岭南民居之博古纹、天狗蹲兽等装饰图案代替原设计之宫殿式鸱吻、垂兽和仙人走兽（图 1-32）。

9月，再度病倒。有关中山陵工程事务，均委托计划工程师黄檀甫全权处理，而技术工作仍亲自裁决。因此，每一分部工程的图纸大样和做成的模型均须送往上海亲自审查、修改。为保证工程质量，所选用的建筑材料，除必须按指定的商标、产地之外，还要选送样品，经南洋大学试验并超过美国标准，方可签字准用，否则定要返工。工程营造方有"工程在宁，取决于沪"和"吕建筑师欲成其千载一时艺术之名，处处以试验出之"之叹。②

本拟择日赴广州工程现场，因病体缠身，未能成行。

11月27日，参加国民政府大学院艺术委员会第一次会议（会议决定筹设国立艺术大学，其组织预定为国画院、西画院、图案院、雕塑院和建筑院）。

---

① 参阅本书中编。

② 张开森. 吕彦直：用生命铸就中山陵 [J]. 中国档案，2014（02）.

總理陵墓建築工場 當中鐵路特為搬運材料上山之用

總理陵墓基址全景

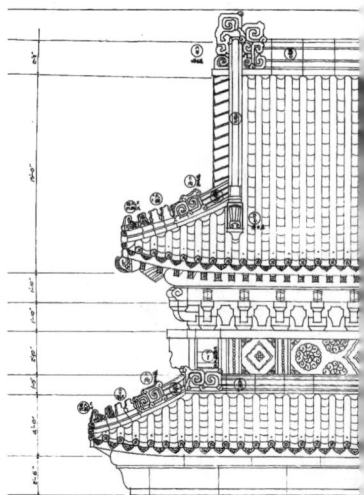

圖 1-32　1927 年 8 月中山陵設計施工圖定局部——嶺南民居博古紋式脊飾

總理陵墓之建築忙

圖 1-29　1927 年為運輸材料而專設鐵道(《良友》1927 年第 16 期)(上)

圖 1-30　1927 年中山陵墓基現場(《良友》1927 年第 16 期)(中)

圖 1-31　1927 年中山陵工程進展(《良友》1927 年第 16 期)(下)

1928年，34岁。年初，确诊患肝癌。本年多在上海肺病疗养院（通称虹桥疗养院）疗养，期间仍坚持工作。

3月，6日，广州中山先生纪念碑工程正式动工，工程分为开掘地基、浇筑钢筋混凝土、砌筑花岗石碑体和砌筑石护坡等四部分。22日，纪念堂工程动工。工程由纪念堂庭园正门及广场、主体建筑、附属建筑等三部分组成（图1-33~图1-38）。

因国民政府定都南京，各项工作日趋正常，这一时期中山陵工程日渐被公众关注，每每一个工程细节都会惊动上层机构，由高层人士审阅。如陵园祭堂前的一对宝鼎的设计方案，即由时任国民政府常务委员的林森先生核准。

按今南京市城建档案馆存一帧绘制于1928年3月20日的奉安宝鼎设计图，上有"林森先生核准"字迹，可证国民政府高层对陵园工程的重视程度。又，原设计中此宝鼎一对，均有须弥座式基座承托，计划放置于祭堂门前平台之甬道尽端的东西两侧，但在实际施工中又有变化：基座保留，而宝鼎却另改设计制造为有盖的香炉；林森所核准的那份宝鼎设计也予以保留，由上海特别市政府按此样式铸造为奉安大典之纪念物，于1929年6月1日进献，省略基座，安置在碑亭至祭堂之间的甬道中段平台。抗战期间，中山陵竟也未能免于日军暴行——炮火伤及西侧宝鼎，鼎身上留有若干弹痕，至今历历在目，令拜谒者观瞻之余，身临其境痛感中山先生奋斗毕生的中华民族复兴大业之举步维艰。

5月，被聘为国民政府大学院艺术教育委员会委员。该机构倡议举办全国美术展览。

6月，复函南京首都建设委员会夏光宇，婉辞南京市府设计委

图 1-33 1928 年 3 月 6 日开工的纪念堂地基 1，摄于 1928 年 7 月 4 日（黄檀甫旧藏）

图 1-34 1928 年 3 月 6 日开工的纪念堂地基 2，摄于 1928 年 7 月 11 日（黄檀甫旧藏）

图 1-35 1928 年 3 月 6 日开工的纪念碑地基 3，摄于 1928 年 8 月 20 日（黄檀甫旧藏）

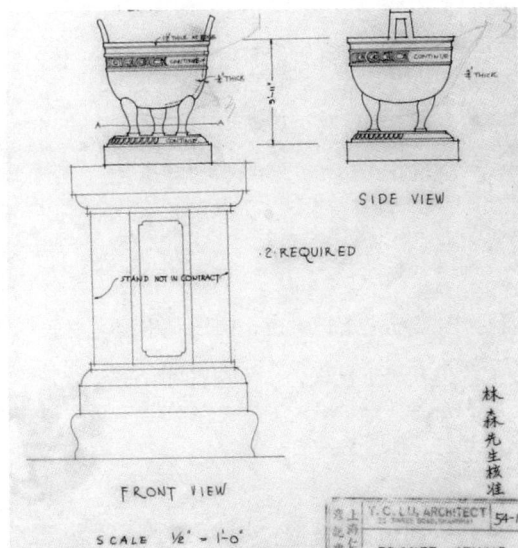

图 1-36　1928 年 3 月 20 日,奉安大典铜鼎(含基座)设计由林森核准

图 1-37　奉安大典铜鼎(林森核准设计方案)摆放位置改在不设基座的甬道东侧(殷力欣摄于 2009 年)

图 1-38　原设计铜鼎基座改为安放有盖的铜香炉(殷力欣摄于 2009 年)

吕彦直评传

上编

033

员会专门委员之聘，但对南京规划直陈己见。

按夏光宇，上海青浦人，早年入北京大学攻读建筑学。1927年4月27日，孙中山先生葬事筹委会第四十五次会议决议："聘请夏光宇君为筹备处主任干事。"①

6月，随着北伐军节节胜利，国家统一指日可待，国民对中山陵工程期待日殷。预计中山陵工程进入竣工日程，一年左右可着手安排"孙中山灵柩奉安大典"。

按《大光报》1928年6月29日快讯："南京紫金山孙总理陵墓工程，经营已达一载有余。乃者，革命军已入北京，可谓孙总理北伐之目的已达，国府中人，对于总理灵榇，均请早日归正首都，使人瞻仰。故关心此事者，均知总理营葬之期不远，而陵墓工程近状，更堪令人注意也。近有承建陵墓工程之吕建筑师代表黄君，因返粤视察纪念堂工程，记者得友人之介绍，探询陵墓工程近状，得一大概。据云：该项工程第一、二期已届完成，陵墓位置大约三个月便可竣工。惟祭堂工程，较为浩大，须再六个月后方能毕其工。此为吕建筑师预算之计划，如无特别障碍，将不至愆期云。计陵墓工程工人共七百余名，进行经年，不问其工程之伟大，实属近代东亚之巨观云。言下并出最近摄取工程影片二帧，谓可制版以飨关心此事者。因亟谢归，以实新闻中，想为一般所乐闻者也。"

————————————

① 南京市档案馆，中山陵园管理处.中山陵档案史料选编[M].南京：江苏古籍出版社，1986：102.

7月，将酝酿一年的私拟《建设首都市区计画大纲草案》委托夏光宇转呈南京首都建设委员会，其中包括其所绘制的南京城市规划及行政中心部分建筑设计方案图（已知绘成"规画首都都市两区图案""国民政府五院建筑设计"和"南京政府中心设计图"等三幅）。吕彦直在这份"草案"中提出"国家公园"的概念："国家公园，包括现规画中之中山陵园，拟再圈入玄武湖一带……其间附设模范村，为改进农民生活之楷模。有植物及天文台学术机关，为国家文化事业附设于此者。此外则拟有烈士墓之规定，及纪念总理之丰碑……使民众日常参谒游观于其地，感念遗教之长存，以不忘奋发砥砺而努力吾人之天职，得不愧为兴国之国民……"他还提出，对"中国固有式建筑"的理解应是："民治国家之真精神，在集个人之努力，求供大多数之享受。故公众之建设，务宜宏伟而壮丽；私人之起居，宜尚简约。"①

按吕彦直逝世后，此"草案"更名为《规画首都都市区图案大纲草案》，刊载于原首都建设委员会秘书处1929年10月编印之《首都建设》第一期，文中多有修改，如"国家公园"被改作"党国公园"等，与吕氏原意相抵牾者甚多。详见本书中编"吕彦直文存"中笔者所作"汇校说明"。此外，《良友》画报第40期载有"吕彦直最后遗作"，为南京规画图二帧，似为私拟草案的原配图。

7月14日，大学院公布第一次全国美术展览会（简称"全国美展"）组织大纲，并推举出会长、筹备委员会、审查委员会等人选。吕彦直与张静江、黄宾虹、徐悲鸿、李金发、刘既漂等被聘为审查委员会委员。

8—11月，抱病工作，往来于上海虹桥疗养院、古拔路寓所和南京中山陵工地之间。赴广州工程现场计划仍未成行。

按上海虹桥疗养院原称上海肺病疗养院，建于1920年代，是当时上海治疗肺病的权威医院，后于1934年由著名建筑师奚福泉设计建造了一座阶梯式四层病房大楼，原址在今伊犁路一带。吕彦直在此接受治疗的时间在奚福泉设计建造新病房大楼之前。上海古拔路今称富民路，地近静安寺，是当时上海法租界中环境幽静的一条街道。吕彦直故居在当时记录为古拔路51号，因1949年之后街道里弄门牌号有变，故究竟是哪座住宅，尚有待进一步查证。又，古拔路北段在20世纪末因道路改建而被拆迁，但吕彦直故居似不在其范围之内（图1-39、图1-40）。

期间，广州新闻界（《广州民国日报》《现象报》等）曾对广州中山纪念堂使用松木桩打地基一事提出质疑，认为有白蚁蛀蚀之隐患。彦记建筑事务所工程师裘燮均先生于10月28日答《现象报》记者问，代表吕彦直向公众释疑："查松木桩浸入地层水下，既不虞腐烂，又不能为白蚁所侵蚀"[①]，且此工程所用木桩系北美红杉，其耐腐蚀性早已被证实（图1-41~图1-46）。

12月，作南京国民革命军遗族学校初期规划，绘制该校校舍地盘图，后因病中止，改由朱葆初继续绘制校舍设计图纸。

1929年，35岁（周岁）。

---

① 现象报.1928-10-8.

图 1-39　1934 年奚福泉设计之虹桥疗养院病房大楼

图 1-40　上海富民路（古拔路）街景——吕彦直在上海的寓所即在此街（殷力欣摄于 2016 年）

图 1-41　广州中山纪念碑工程进展，摄于 1928 年 6 月 15 日（黄檀甫旧藏）

图 1-42　广州中山纪念碑工程进展，摄于 1928 年 8 月 20 日（黄檀甫旧藏）

图 1-43　广州中山纪念堂工程进展，摄于 1928 年 9 月 23 日工程（黄檀甫旧藏）

图 1-44 广州中山纪念堂工程进展，摄于 1928 年 10 月 6 日工程（黄檀甫旧藏）

图 1-45 中山陵第一部工程进展，摄于 1928 年 10 月 9 日（黄檀甫旧藏）

图 1-46 广州中山纪念堂工程旧影——松木桩备料（黄檀甫旧藏）

吕彦直评传 上编

03

1月15日，在广州举行中山先生纪念堂及纪念碑奠基典礼，吕彦直因病缺席，再度委派黄檀甫出席。捷克雕塑家高祺创作中山陵墓室内孙中山先生卧像，法国雕塑家保罗·朗特斯基创作祭堂孙中山先生坐像及基座浮雕（图1-47~图1-52）。

2月，中山陵第一、二部工程临近告成，但病中的吕彦直已无力出行。

3月18日，吕彦直先生在上海逝世，享年35周岁。此时，中山陵工程尚有第三部工程待开工，而广州孙中山先生纪念堂及纪念碑工程进展仅及计划之半。吕彦直终生未娶，据传其未婚妻严璆闻讯后遁入空门（图1-53~图1-56）。

按吕彦直亲友回忆，严璆系严复次女，因吕劳碌于南京中山陵、广州中山纪念堂两建筑工程，且重疴缠身，婚期一再延宕。另有一说：严复晚年偏执于君主立宪，对吕彦直之膺服于孙文学说的思想倾向甚为不满，屡有悔婚之意云。

图1-47　广州中山先生纪念堂工程进展，摄于1929年1月13日（黄檀甫旧藏）

图 1-48 黄檀甫代表吕彦直出席中山先生
纪念堂及纪念碑奠基典礼，摄于 1929 年 1
月 15 日（黄檀甫旧藏）

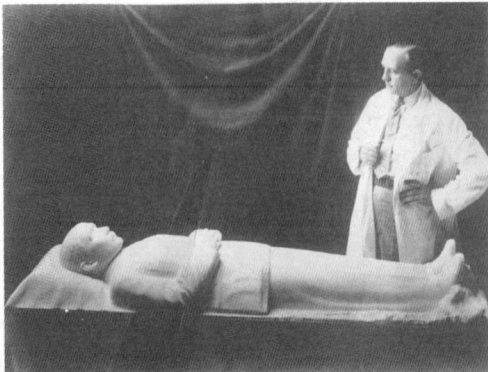

图 1-49 中山陵高琪创作孙中山卧像旧影（黄檀甫旧藏）

图 1-50 法国雕塑家保罗·朗特斯基创作祭堂孙中山先生坐
像及基座浮雕初稿（赖德霖提供）

图 1-51 法国雕塑家保罗·朗多
斯基在巴黎郊外别墅为中山先生
造像（《图画时报》1929 年 8 月
11 日）（赖德霖提供）（左）

图 1-52 法国雕塑家保罗·朗特
斯基创作祭堂孙中山先生坐像旧
影（殷力欣收藏）（右）

图 1-53 中山陵第一部工程——墓室石椁上的孙中山卧像已经安放，摄于 1929年 3 月（黄檀甫旧藏）

总理陵墓全图

图 1-54 中山陵第二部工程临近竣工——脚手架尚未拆除，摄于 1929 年 3 月（黄檀甫旧藏）

图 1-55 广州孙中山先生纪念堂工程进展，摄于1929 年 2 月 18 日（黄檀甫旧藏）

图1-56　广州孙中山先生纪念碑工程进程，摄于1929年3月底（黄檀甫旧藏）

（三）吕彦直的未竟之业

1929年4—12月，吕彦直逝世后，其未竟工程由黄檀甫、李锦沛等接续，中山先生终得以安葬南京。

4月，南京中山陵第一、二部工程（陵墓、祭堂、平台、石阶、墓道和围墙等）终得竣工。孙中山先生丧事筹备委员会开始筹备孙中山灵柩奉安大典（图1-57、图1-58）。

4月10—30日，国民政府教育部主办的"第一次全国美术展览会"在上海举行。这个中国历史上首次"全国美展"分古代美术作品和当代美术作品两大单元，每单元又分书画、雕塑、建筑、工艺美术、金石、摄影六个门类，故展览会印发的汇刊也分《美展特刊》（古）《美展特刊》（今）二部。今此二特刊已成稀有文献，全国各大图书馆或无收藏，或秘不示人；偶尔在某文物拍卖会上有售，也动辄数万元成交，笔者只能一见封面，而书内所记载参展作品名目，则始终缘悭一面。今据二手资料大致了解到，在当代美术展览单元之建筑部分，参展者计有李宗侃、唐英、赵深、刘既漂、庄俊、吕彦直、范文照、董大酉等。吕彦直参展作品为广州中山纪念堂设计图稿。另据资料

图 1-57　中山陵第一部工程——祭堂竣工，摄于 1929 年 4 月（黄檀甫收藏）

图 1-58　中山陵第一部工程——墓室竣工，摄于 1929 年 4 月（殷力欣收藏）

显示，吕彦直绘"规划首都都市两区图案""国民政府五院建筑设计鸟瞰图"等图稿，以及一个体量颇大的"孙中山先生陵园"沙盘模型，均有可能以"吕彦直先生遗作"的名义展出，以示公众对这位一个月前溘然辞世的建筑英才的缅怀[①]（图 1-59~ 图 1-61）。

按近期又有一则网络信息：一幅名为"吕彦直建筑设计稿"的画稿在一个艺术品拍卖会上以￥55 200.00 之高价成交，据说此画

---

① 南京博物院于近期（2018 年）举办"金陵旧影"历史照片展，其中陈列一帧旧照，名"孙中山先生陵园模型"，出处不详，按照片中的展厅场景推测，本书编著者认为极有可能是"第一次全国美展"之场景，暂且置此，以待来日证实。——编著者注。

图 1-59　1929年全国美展旧影（南京博物院提供）

图 1-60　1929年美展特刊书影（网络照片）

图 1-61　孙中山先生陵园模型展陈旧影——疑似在1929年全国美展陈列（南京博物院收藏）

作也亦系此次"全国美展"之参展作品。笔者据现有历史信息，并据网络照片分析其表现内容，似乎为后世伪作，但不能确认。详见本评传第二章第三节附文《一幅"吕彦直建筑设计稿"存疑》。

有关此次全国美展，建筑师范文照先生曾发表参展感言："美展会陈列美术出品甚夥，而第五部中所列建筑出品，在中国尤为仅见，盖中国建筑，犹在幼稚时代，社会普通人士，对建筑师职业，多不明瞭其服务之目的，现将建筑出品公开陈列，俾社会普通人士观览之余，师知建筑图样与社会有密切关系，诚我建筑界之光荣也。"①

6月1日，国人在南京隆重举行孙中山先生灵柩奉安大典。

按孙中山先生于1925年逝世后，其灵柩暂厝北京香山碧云寺金刚宝座塔内，为期四年另两个月有余。本年5月26日，中山先生灵柩自碧云寺起灵，由诸多要员扶灵至北京前门火车站换乘送灵专列，沿途送灵民众数以十万计。之后，送灵专列行程千余公里，于5月28日抵达南京浦口，迎梓民众亦盛况空前。又经三日暂设灵堂接受各界吊唁祭奠，于6月1日清晨送往中山陵安葬。至此，中国近现代共和政体的奠基者孙中山先生终得长眠于现代中国之复兴圣地。此奉安大典也象征着孙中山未竟大业及其民治思想受到了全国民众的尊崇，故为当时中国政坛上的大事。此足以慰藉中山陵的设计者吕彦直先生之数年扶病操劳也（图1-62~图1-69）。

图1-62 1929年5月26日，北京，孙中山先生灵柩送梓行列（黄檀甫旧藏）

---

① 参阅：商勇.艺术启蒙与趣味冲突——第一次全国美术展览会（民国十八年，1929年）研究[D].南京艺术学院博士学位论文，2006.

图 1-63　1929 年 5 月 28 日 10 时，灵车抵达南京浦口站（黄檀甫旧藏）

图 1-64　1929 年 6 月 1 日凌晨，灵车经中山门驶向中山陵（黄檀甫旧藏）

图 1-65　1929 年 6 月 1 日清晨，第一、二部工程竣工后的中山陵（黄檀甫旧藏）

图 1-66 1929 年 6 月 1 日，奉安大典 1（黄檀甫旧藏）

图 1-67 1929 年 6 月 1 日，奉安大典 2（灵榇入中山陵祭堂）（黄檀甫旧藏）

图 1-68 1929 年 6 月 1 日，奉安大典前之中山陵祭堂室内旧影（殷力欣藏）

图 1-69 中山先生盖棺后的中山陵墓室内景旧影（殷力欣藏）

6月11日，奉安大典满10日之际，国民政府对建筑师吕彦直通令嘉奖抚恤。《申报》1929年6月12日载嘉奖令云："国府十一日令：总理葬事筹备处建筑师吕彦直，学识优长，勇于任事。此次筹建总理陵墓计划图图样，昕夕勤劳，适届工程甫竣之时，遽尔病逝。追念劳勋，悯惜殊深，应予褒扬，并给营葬费二千元，以示优遇。此令。"次日，中山陵第三部工程（牌坊、陵门、碑亭、碑石和卫士休息室等）继续进行（图1-70~图1-76）。

6月，《良友》画报第40期刊发"吕彦直最后遗作"二图：《规划首都都市两区图案》《国民政府五院建筑设计》。

7月，上海《字林西报》刊载采访李锦沛、黄檀甫之专文"三民主义融于建筑中"（The Three Princtples in Bricks and Mortar），记述了吕彦直在南京政府中心选址规划问题上与墨菲的争议，再次展示了吕彦直建筑思想与孙中山的文化理念的高度契合。此文附有吕彦直所绘南京政府中心设计图和南京政府中心轮廓鸟瞰图。[1]

图1-70　1929年6月11日国民政府通令嘉奖抚恤吕彦直（黄檀甫旧藏）

图1-71　中山陵第三部工程——碑亭底座，摄于1929年9月（黄檀甫旧藏）

---

[1]　德文.浅议吕彦直与墨菲就当年南京政府中心选址和构思之辩[J].北京规划建设，2008（04）.

图 1-72　广州中山堂工程进展，摄于 1929 年 6 月 20 日（黄檀甫旧藏）

图 1-73　广州中山堂工程进展，摄于 1929 年 6 月 20 日（黄檀甫旧藏）

图 1-74　广州中山堂工程进展，摄于 1929 年 10 月 24 日（黄檀甫旧藏）

图 1-75　广州中山堂工程进展,摄于1929年12月15日(黄檀甫旧藏)

图 1-76　广州中山纪念碑工程进展，摄于 1929 年 12 月 10 日（黄檀甫旧藏）

　　10月，首都建设委员会秘书处编辑之《首都建设》面世。书中收录吕彦直《规画首都都市区图案大纲草案》一文，系吕彦直1928年7月委托夏光宇转呈建设委员会之《建设首都市区计画大纲草案》。此次刊行，编者对吕氏原稿做了多处修改（详后）。

　　1930年，南京、广州之未竟工程持续进行。结构工程师李铿、冯宝龄等将桥梁工程技术应用于建造广州孙中山先生纪念堂穹顶，最终成就了这座当时全亚洲规模最大、建筑风格最为宏伟壮丽的纪念殿堂（图 1-77~ 图 1-85）。

图 1-77　中山堂工程进展，摄于 1930 年 1 月 12 日（黄檀甫旧藏）

图 1-78　中山堂工程进展，摄于 1930 年 4 月 28 日（黄檀甫旧藏）

图 1-79　中山堂工程进展，摄于 1930 年 12 月 14 日（黄檀甫旧藏）

图 1-81　中山纪念碑工程进展，摄于 1930 年 9 月 5 日（黄檀甫旧藏）

图 1-80　中山纪念碑工程进展，摄于 1930 年 3 月 20 日（黄檀甫旧藏）

图 1-82　中山陵第三部工程进展，摄于 1930 年 7 月 12 日（黄檀甫旧藏）

图 1-83 中山陵第三部工程进展，摄于1930年6月14日（黄檀甫旧藏）

图 1-84 中山陵第三部工程进展，摄于1930年9月15日（黄檀甫旧藏）

图 1-85 中山陵第三部工程进展，摄于1930年9月13日（黄檀甫旧藏）

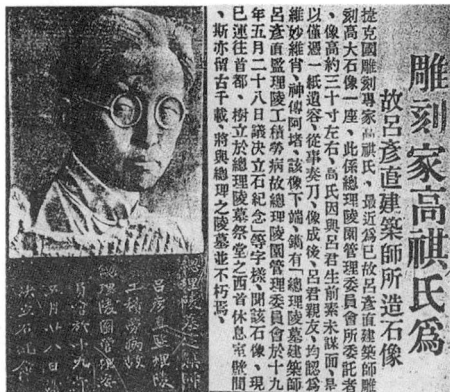

图 1-86　捷克雕刻家高祺雕刻的吕彦直石像（出处不详，可能为《申报》所载，广州中山纪念堂管理处提供）

5月28日，总理陵园管理委员会在中山陵祭堂西南角奠基室内为吕彦直立碑纪念。其碑身上部为捷克雕塑家高祺镌刻吕彦直半身浮雕，下部为于右任先生撰写碑铭："总理陵墓建筑师吕彦直监理陵工 积劳病故 总理陵园管理委员会于十九年五月二十八日决议立石纪念。"（图1-86）

按此方吕彦直纪念碑毁于20世纪50年代，而吕彦直遗体归葬何地，至今不祥。有学者推测其遗骸火化，骨灰即安葬于此纪念碑下。此说有希望吕彦直作为设计建造者魂归中山陵之良好心愿，但是否确实则待考。①

1931年，10月10日，广州中山纪念堂及纪念碑主体工程完成，并举行隆重的落成典礼（图1-87~ 图1-92）。

1932年，1月15日，中山陵墓第三部工程（包括牌坊、陵门、碑亭、碑石和卫士休息室等）正式接收。至此，中山陵工程全部竣工值得一提的是，吕彦直逝世后，在这部分工程施工过程中，丧事筹备处夏光宇等曾提出两项建议：其一，将陵门前的墓道加长，从而也拉

① 卢洁峰 . 吕彦直与黄檀甫 [M]. 广州：花城出版社，2007.

大了原设计中陵门与陵前牌坊的间距；其二，另请美国建筑师墨菲将原设计方案中的三间石牌坊改为五间。彦记建筑事务所同仁黄檀甫、李锦沛等经慎重考虑，决定接受第一项建议，而在牌坊的样式、体量上据理力争，坚持沿用吕彦直原设计方案。

从竣工后的效果上看，第一项改动确实增添了陵园整体的雄伟气势，而坚持三间石牌坊方案，则保证了视觉效果上的完美。这也充分反映了彦记建筑事务所同仁对吕彦直先生的理解和尊敬——牌坊改作五间，所强调的是建筑规制上与帝王陵相等同，而吕彦直原方案采用尺度扩大了的三间牌坊，则纯然是从建筑构图的实际视觉效果着眼（图 1-93~ 图 1-97）。[1]

1933 年，5 月，纪念堂大门楼和室内灯光、冷气设备以及四周道路、绿化工程完成，广州中山纪念堂工程全部竣工。至此，在彦记建筑事务所合伙人兼计划工程师黄檀甫先生，建筑师李锦沛，结构工程师李铿、冯宝龄等的努力下，吕彦直先生的未竟事业终告圆满（图 1-98）。

7 月，中国建筑师学会《中国建筑》第一卷第一期刊载《故吕彦直建筑师传》，称赞吕彦直设计中山陵及广州纪念堂碑是"以西洋物质文明发扬中国文艺之真精神，成为伟大之新创作"。[2]

同期另有董大酉建筑师撰文《广州中山纪念堂》，称"中国建筑物，除庙宇外，向无公众之大建筑物。近来各地提倡新政，往往举行公众之大聚会，乃有大礼堂或大会场之设备。其中最有价值者，为广州中山纪念堂。规模宏大，可容六千人，诚中国唯一之大会场也。"

---

① 参阅：孙中山纪念馆 . 中山陵园史话 . 南京：江苏人民出版社，1999.
② 中国建筑师学会 . 中国建筑，1933，1（1）.

图 1-87　接近竣工的广州孙中山先生纪念堂，摄于 1931 年 4 月 3 日（基座上之立者为黄檀甫先生，黄檀甫旧藏）（左上）

图 1-88　竣工的广州孙中山先生纪念堂外景，摄于 1931 年 6 月 16 日（黄檀甫旧藏）（左中）

图 1-89　竣工的广州孙中山先生纪念堂内景，摄于 1931 年 6 月 16 日（黄檀甫旧藏）（左下）

孫中山先生廣州紀念堂落成開幕典禮全景

图 1-90　竣工的广州孙中山先生纪念碑外景，摄于 1931 年 10 月 10 日（黄檀甫旧藏）（中）

图 1-91　广州中山纪念堂落成开幕典礼 1 摄于 1931 年 10 月 10 日（黄檀甫旧藏）（上）

图 1-92　广州中山纪念堂落成开幕典礼 2，摄于 1931 年 10 月 10 日（照片中被剪掉的部分据黄建德回忆为中华民国国旗，黄檀甫旧藏）（下左）

图 1-93　中山陵第三部工程，摄于 1931 年 6 月 12 日陵前牌坊在装配中（下右）

图 1-94 中山陵第三部工程，摄于 1931 年 8 月 8 日陵前牌坊工程告竣

图 1-95 中山陵第三部工程竣工时的碑亭正面，摄于1931 年 10 月 10 日（黄檀甫旧藏）

图 1-96 中山陵第三部工程竣工时的碑亭 - 陵门 - 牌坊全景，摄于1931 年 10 月 10 日（黄檀甫旧藏）

图1-97 全部工程验收后的中山陵，摄于1932年
（殷力欣收藏）

图1-98 中山陵祭堂西北耳室——原吕
彦直碑铭所在地（殷力欣摄于2009年）

自1925年动议兴建南京中山陵以来，至1937年抗战爆发前，以中山陵主体建筑为核心，紫金山麓先后建成中山植物园（1929年，享誉世界的植物学研究基地，设计者待查）、紫金山天文台（1928—1930年，规模为亚洲之冠，余青松、杨廷宝等设计）、灵谷寺国民革命军阵亡将士公墓（1929—1934年，墨菲、刘福泰等规划设计）、国民革命军遗族学校（1929年，吕彦直初期规划，朱葆初完成设计）、谭延闿墓（1932年，关颂声、杨廷宝设计）、航空烈士公墓（1932年，建筑师待查）、音乐台（1933年，杨廷宝设计）、中央体育场（1933年，关颂声、杨廷宝设计）、美龄宫（1933年，赵志游、陈品善设计）、光化亭（1934年，刘敦桢设计）、中山书院（1935年。设计者待查）、廖仲恺墓（1935年，吕彦直初期设计，刘福泰完成设计）、国民革命历史图书馆（1933年，设计者不详）、藏经楼（1936年，卢树森设计）等十几处纪念建筑与教科文类建筑。吕彦直所构想的国家公园，经其生前身后众多中外一流建筑师及多家营造厂、建筑工匠

的共同努力，已然初具规模。值得注意的是，对照中山陵营造前后的植被状况，几十年后人们发现，这些或雄伟或精致的建筑物不但没有破坏自然环境，反而以中山植物园、林荫大道为标志，促进了整座山体的绿化，使得这座千古名山在新时代焕发了更加旺盛的生命力（图1-99~图1-113）。

　　1941年，在抗日战争最艰难的时刻，中国军民在湖南衡山山麓建成抗日英烈总神位——南岳忠烈祠。此建筑（建筑师尚其煦、王汝良等）有"小中山陵"之誉，实际上这座建筑如将附属陵园计算在内，其规模很可能大于中山陵，可称为中国现代建筑师们对吕彦直先生所开创的中国固有式建筑之中山陵模式的延续（图1-114）。

图1-99 落成于1930年的总理陵园温室（中山陵管理局供图）

图1-100 落成于1930年的佘青松、杨廷宝等设计之紫金山天文台（殷力欣摄于2012年）

图 1-101 落成于 1934 年的墨菲、刘福泰等设计之灵谷寺国民革命军阵亡将士公墓第一公募旧影（殷力欣收藏）

图 1-102 吕彦直、朱葆初设计之国民革命军遗族学校（殷力欣摄于 2006 年）

图 1-103 落成于 1932 年的关颂声、杨廷宝设计之谭延闿墓旧影（殷力欣收藏）

图 1-104 落成于 1932 年的航空烈士公墓现状（中山陵管理局提供）

图 1-105 落成于 1933 年的杨廷宝设计之中山陵园音乐台旧影（殷力欣收藏）

图 1-106 落成于 1933 年的关颂声、杨廷宝设计之中央体育场（殷力欣摄于 2016 年）

图 1-107　落成于 1933 年的赵志游、陈品善设计之美龄官（殷力欣摄于 2016 年）（左上）

图 1-108　落成于 1934 年的刘敦桢设计之中山陵园光华亭（殷力欣摄于 2016 年）（右上）

图 1-109　吕彦直、刘福泰设计之廖仲恺墓（殷力欣摄于 2016 年）（左中）

图 1-110　落成于 1933 年的中山陵园的国民革命历史图书馆（中山陵园管理局提供）（左下）

图 1-111 落成于 1936 年的卢树森设计之中山陵园藏经楼（殷力欣摄于 2011年）（上）

图 1-112 中山陵与藏经楼全景旧影（黄檀甫旧藏）（中）

图 1-113 国家公园初具规模——陵园主要建筑自东向西：国民革命军阵亡将士公墓、中央体育场、中山陵、遗族学校、中山植物园、明孝陵、紫金山天文台等（中山陵管理局提供）（下）

1954年，中华人民共和国成立初期，建筑师张家德设计之重庆人民大礼堂历时3年而告竣工（1951年6月至1954年4月）。其设计立意为"非壮丽无以重人民当家做主之威"，堪称中国现代建筑师们对吕彦直设计广州中山纪念堂主题立意之延续（图1-115、图1-116）。

　　饶有巧合意味的是，在重庆兴建大体量的人民大礼堂的同时，有建筑师陈明达设计了风格简朴、造价相对低廉的中共西南局办公大楼和重庆市委会大楼，一如与中山陵主体建筑相同步的国民革命军遗族学校。有意无意间，张家德、陈明达二人较为全面地践行了吕彦直建筑设计理念——"公众之建设，务宜宏伟而壮丽；私人之起居，宜尚简约"。巧合中似乎有着某种历史衍变的必然。

图1-114　沿袭吕彦直中山陵模式的南岳忠烈祠（殷力欣摄于2010年）

图 1-115　沿袭吕彦直广州中山纪念堂模式的重庆人民大礼堂（殷力欣摄于 2013 年）

图 1-116　陈明达设计务求节俭的重庆市委会办公楼（殷力欣摄于 2013）

吕彦直建筑作品简述

回顾吕彦直先生的生平事迹，他在1918年参与墨菲为主建筑师的金陵女子大学规划设计，还仅是学习阶段。至1922年设计上海银行公会大楼（是其独立设计或合作设计尚存疑义），作品虽然展露出他在流行趋势下的一些独立考量，但还没有真正形成自己的设计风格。吕彦直真正独立的建筑创作，似乎是从1925年应征中山陵图案开始的，一生的作品也仅有南京中山陵与广州中山纪念堂及纪念碑两组，创作生涯不足4年（1925年5月至1929年3月）。其从业业绩如下：

（1）1918年参与金陵女子大学、燕京大学等校园建筑的规划与设计（主建筑师为墨菲，吕彦直作为实习生和设计助手，完成部分设计图的绘制）。

（2）1922年设计上海银行公会大楼（主建筑师为吕彦直或过养默，存疑，但至少是重要的参与设计者，则无疑义）。

（3）南京中山陵（1925年设计，1932年全部建成）。

（4）广州中山纪念堂及纪念碑（1926年设计，1933年全部建成）。

（5）《建设首都市区计划大纲草案》。此南京城市规划方案，虽属私拟建议性质，但部分意见被南京首都建设委员会所接纳。

（6）对中山陵园中的廖仲恺墓、国民革命军遗族学校建设提出了初步的设计方案。

由此可知，真正百分之百属于吕彦直个人设计并集中代表其艺术风格与建筑思想的作品，仅有两组建筑和一个仅被用于参考的城市规划方案。此外，他所遗留的文稿也仅有一份设计说明、一封私函和一份规划方案。但是，吕彦直先生的两组建筑设计作品，确是中国建筑史上划时代的杰作，其影响至今犹存，也将指向未来。

有关中山陵的设计，梁思成先生曾在20世纪40年代评价道："故中山陵墓虽西式成分较重，然实为近代国人设计以古代式样应用于新建筑之嚆矢，适足以象征我民族复兴之始也。"[①]梁氏所言，在具体的建筑细节方面持保留态度，但首肯了这一建筑的开创性意义。

梁氏作出这样一个简评的60年之后，有赖德霖先生具体分析道："中山陵设计过程中对中国式纪念物的探寻，进一步推动了对于建筑的中国风格的探讨，这种风格不仅将代表现代的中国建筑，而且也将代表孙中山曾经期待着的现代中国。"[②]赖氏这句话看似寻常，但点明了一个以往所忽略的问题：建筑与社会思潮、社会文化之间的关系。

对于广州中山纪念堂，则有建筑师林克明作如是评说："纪念堂的设计是在大体量的会堂建筑中，运用民族形式的一个大胆尝试。整个建筑构思、形象和细部处理虽是模仿宫殿式，却有不少革新精神；运用稳重的构图，和谐的色调和精致的装修细部，表达出一种庄严气氛……广州中山纪念堂是一座宫殿式巨型建筑，是我国民族风格与外国近代建筑技术相结合的产物，是一座富有历史纪念价值的纪念物。"[③]其对吕氏建筑的解析更为具体。

建筑学家吴庆洲教授作总结性评价："中山纪念堂是中国近代纪念建筑的代表作，因为它融合了中国传统宫殿式的建筑形式的精华，又通过采用当时最先进的钢架结构，创造了一个十分广阔的内部空间……中山纪念堂庄严雄伟又美观实用，其设计思想对后来的

---

① 梁思成全集（第四卷）[M].北京：中国建筑工业出版社，2001：215．按梁文中所用字"嚆"，《辞源》《康熙字典》等皆无收录。笔者疑此系"嚆"之笔误。"嚆"字《庄子》《集韵》等有载，意为响箭，正合梁氏文意。——编著者注。

② 赖德霖.民国礼制建筑与中山建筑[M].北京：中国建筑工业出版社，2012：183，184．

③ 林克明.广州中山纪念堂[J].建筑学报，1982（3）：41．

建筑师影响很大……"①吴氏此言，如实反映了吕彦直建筑风格对后世的具体影响。

相对于中山陵与广州中山纪念堂的驰名中外，广州中山纪念碑（又称中山纪念塔）所受到的关注较少，其中哲学家胡适的评价可谓别具一格："中山纪念塔是亡友吕彦直先生设计的，图案简单而雄浑，为彦直生平最成功的建筑，远胜中山陵图案……我们看了黄花岗，再看吕彦直设计的中山纪念塔，可以知道这二十年中国的新建筑之大进步了。"②胡适的着眼点与梁思成的评判有接近之处——认为中山陵的西式成分仍嫌过重，但他似乎也并不主张彻底回归传统样式。中山纪念塔的造型，看似寻常，却又包含着古埃及方尖碑、法国埃菲尔铁塔、中国传统"笏头碣"式石碑、中国木构建筑屋顶之曲线造型等元素，面目全新而不失其历史底蕴，故身为哲学家的胡适对其青眼有加也在情理之中。

至于吕彦直的文字遗稿与城市规划图案中所蕴含的思想，目前尚未引起更多的重视，但笔者认为也是足以列入中国 20 世纪之思想宝库，值得后人借鉴、深思的。

（一）南京中山陵园建筑群

对于这个位于南京紫金山南麓的中山先生长眠之地，先后有不同的称谓：孙中山先生陵墓、总理孙中山先生陵墓、中山陵墓、中山陵园和中山陵等。后二者是后人习称而被认可为正式名称。这个

---

① 广州市中山纪念堂管理处. 广州中山纪念堂历史图册（非正式出版物），2006.

② 广州市文史研究馆. 羊城风华录：历代中外名人笔下的广州 [M]. 广州：花城出版社，
2006：197.

称谓的变化，有着广义与狭义的区分。前三者特指今中山陵博爱坊前广场至孙中山墓室一线的中轴线建筑群，即世人熟知的吕彦直的设计作品，本文暂以"中山陵墓"统称。目前所说中山陵，范围扩大了一些，包括了附近的仰止亭、光化亭、音乐台、行健亭和永慕庐等附属建筑；而中山陵园的含义则包括了东起灵谷寺景区、西至紫金山天文台的紫金山南坡各个历史时期的全部文化遗迹。但无论怎样界定，这个庞大的建筑组群是以吕彦直设计的博爱坊前广场至祭堂、墓室一线为中心和主题的，而中山陵园之所以在建筑史、文化史上享有崇高的声誉，也主要因此缘故。

　　紫金山是钟山之别称，居南京城东北，即所谓"虎踞龙蟠"之"龙蟠"，自古为华东名胜。其山外观为三峰并立，略呈笔架状，主峰居中，称"北高峰"，海拔449米；东峰称"小茅山"，海拔366米；西峰称"天堡山"，海拔245米。前文已提及，1912年3月10日，时任临时大总统的中山先生在紫金山行猎时对胡汉民等说："待我他日辞世后，愿向国民乞此一抔土，以安置躯壳耳"——自择钟山为安葬之地。此前，已有东吴大帝孙权和明太祖朱元璋长眠于斯。孙中山逝世后，遗孀宋庆龄、哲嗣孙科具体选定的墓址为主峰西侧之中茅山坡地。此地向西约700米，穿越山林和一道沟壑，为朱元璋明孝陵所在的独龙阜。中山陵墓墓室海拔158米，高出明孝陵90米左右。

　　1925年5月，孙中山先生丧事筹备委员会通过《孙中山先生陵墓建筑悬奖征求图案条例》，并登报征集。9月，吕彦直设计方案获得南京中山陵设计竞赛应征图案首奖，范文照、杨宗锡分获二奖、三奖。之后，孙中山先生丧事筹备委员会正式采纳了吕彦直的方案，并与他签订了工程合同。比较范文照、杨宗锡的方案，吕彦直的设计更为庄严、简朴、典雅。

1. 中山陵建筑概况

中山陵自1926年春动工，前后施工6年，使用经费按当时的币值计400余万元。自中轴线南端之中山陵广场拾级而上，主要建筑依次计：牌坊、墓道、陵门、碑亭、祭堂和墓室等。从空中俯视，无论是否是吕彦直有意为之，中山陵之平面轮廓确实如一座"警世钟"，有《论语·八佾》"天下之无道也久矣，天将以夫子为木铎"之寓意。

（1）博爱坊（牌楼）

自中轴线南端之中山陵广场拾级而上，迎面是石质三开间的四柱三楼柱出头式牌楼（通称博爱坊），福建花岗石砌筑，蓝色琉璃瓦顶，匾额题"博爱"二字，系据中山先生手书镌刻。在原设计方案中，此牌楼贴近陵门，后经筹委会建议，将陵门前甬道加长，形成现在的格局。

（2）墓道

博爱坊后是直通祭堂的宽大石阶。石阶共9段，392级（碑亭至祭堂共290级），苏州金山石材。第六级石阶平台上东西两侧各有一座西式石狮。其上3段石阶两侧安石栏杆，石阶上又加设两行石栏杆，将石阶分隔为三道，统一中又有变化。

（3）陵门

博爱坊后为375米长甬道，宽40米，分三道，道间绿化带上种松柏两行。甬道尽端是单檐歇山顶蓝琉璃瓦的陵门，此门为明清寺庙山门所习见的无梁殿式，面阔七间，开启三孔石拱券门，门前左右分立中式石狮一对。

（4）碑亭

越陵门是碑亭，平面大致为3：2的矩形，重檐歇山蓝琉璃瓦顶，四面启石拱门一孔，中立石碑，上镌原国民政府主席谭延闿手书"中国国民党葬总理孙先生于此"13个金字,下款"中华民国十八年六月一日"。

(5)祭堂

石阶上的祭堂地坪高出陵墓入口处 70 米,坐落在海拔 158 米的缓坡上。堂前宽大的平台东西两侧为高约 4 丈的华表、铜香炉。祭堂中西合璧,钢筋混凝土结构,上部重檐歇山宝蓝色琉璃瓦顶,四周 4 个角室如 4 个坚实的墩柱。祭堂内正中是高达 5 米的中山坐像,意大利白石,法籍波兰雕塑家朗多斯基(Landowski)在法国巴黎塑成。

(6)墓室

墓室衔接在祭堂后,穹隆顶,外砌花岗石,直径 18 米、高 11 米。室内地面用白色大理石铺砌,捷克籍雕塑家高祺创作的中山先生大理石卧像,安详地躺在圆形墓池中,卧像下安放中山先生的灵柩,墓穴直径 4 米、深 5 米,外面用钢筋混凝土密封。

整个中山陵主体建筑群,空间序列丰富,庄重雄伟,手法洗练,浑然一体。

2. 中山陵建筑细节

(1)博爱坊(牌楼)

牌楼的纹饰大多沿用中国传统纹饰——涡旋及卷草纹饰,为牌楼庄严肃穆的整体氛围平添了几许灵动亲切的生活气息。

(2)陵门

陵门上的梁枋采用二方连续,纹饰依然运用了涡旋纹为基本元素的表现手法。由涡旋纹组成的团花,象征着中山先生一心为民,望祖国大地人民和平相处,也同时呼应了陵门主题"天下为公"的思想境界。

（3）碑亭

碑亭梁枋依然采用团花作为主要装饰纹饰，左右对称，具有和谐之美，正对下方南门的装饰，采用卷草纹饰，优柔、盘旋、生动的卷草纹饰，虽然没有象征权贵的龙纹那样夸张、张扬，但足以表现吕彦直设计思想的朴实。

（4）祭堂

祭堂门楣上方的梁枋以及门楣，都加大了团花纹及涡旋纹的使用面积，使团花看起来更加紧簇、集聚，同时门楣上方从东到西分别刻有"民族""民权""民生"的金色篆体字，特殊的字体也与涡旋的团花纹饰交相辉映，熠熠生辉。中门的上下檐之间，还嵌有孙中山手书的"天地正气"四个金字独处一方，足以表达孙中山先生的思想精髓。

3. 吕彦直在中山陵建筑设计中表现出的文化取向

中山先生自选此山安葬，方圆百里中与明孝陵为邻，这个历史巧合，暗含了一番深意。1912 年 2 月 15 日，即清帝逊位三天后，中山先生曾亲往谒陵，并作《祭明太祖文》，中有一句：

"……迩者以全国军人之同心，士大夫之正谊，卒使清室幡然悔悟，于本月十二日宣布退位。从此中华民国完全统一，邦人诸友享自由之幸福，永永无已，实唯我高皇帝大义，有以牖启后人，兹成鸿业……"[①]（图 2-1）

---

① 孙中山全集（第二卷）. 北京：中华书局，1981~1986：95.

图 2-1　孙中山先生赴明孝陵谒陵旧影（殷力欣收藏）

这里固然流露出中山先生对促成清帝逊位的袁世凯的轻信和对未来过于乐观的一面，但也表明了中山先生的历史观：不是断然割裂历史，而是把辛亥革命视为五千年中华民族文明衍变进程的组成部分。他吸收西方近现代文明成果，是以民族文化本位为基础的。

这种文化理念在吕彦直先生的建筑设计中得到了饶有趣味的演绎。

（1）陵墓总体布局沿用了中国古代帝王陵的惯例，墓道以牌坊为起点，逐层布置陵门、碑亭、祭堂（或称享殿）和墓圹（明清之宝顶）。但与相邻的明孝陵比较，明孝陵的墓道，因两侧有成队列伫立的石刻神兽与文臣武将拱卫而成神道，中山陵墓的墓道则至为朴素，除一对象征"东亚醒狮"的雕像和一对奉安大典纪念铜鼎外，长达 480 米、分三段迭次向上的墓道两侧极少附庸，仅以苍松翠柏烘托凝重气氛，其朴质无华的艺术处理，使墓道主题内容仅限天和地两项，而不再有神的成分。

（2）在建筑色彩方面，都沿用了白色的石级和建筑基座，但在所选用石料的质感上，明孝陵多以汉白玉追求华丽，中山陵则主要以花岗石展示其坚实、永久；明孝陵的陵门、享殿（主体建筑已毁于战火，但应与明清帝陵其他享殿形制相似）等以红墙黄琉璃瓦的主色调延续皇家之威严，中山陵的陵门、卫士室、碑亭、祭堂等则为白墙蓝琉璃瓦，与周边的山势和植被有很独特的色调搭配，与中山先生钦定的青天白日党徽相一致，暗喻了伟人的理想与世长存。

（3）在建筑装饰方面，中山陵的建筑大体上保持中国宫殿建筑样式，但将原正脊之鸱吻、垂脊之垂兽与仙人走兽等简化处理作云纹与螭龙纹之变形结合——近似岭南民居之博古纹等；又因系石质仿木结构，在梁枋、屋檐装饰图案方面，以石质浮雕代替最高级的和玺彩画，题材也不再有龙凤瑞兽，而以旋子彩画、苏式彩画常用的卷草、团花和祥云为主，其作用主要是作匾额题记的衬托。这种去繁就简的艺术处理，突出的是被纪念者而非过去的皇权与神权天意，具有鲜明的时代气息。

（4）碑铭、匾额、楹联之属，历来为中国传统建筑中重要的主体说明和装饰成分，但往往为求风雅而失之于肤浅。中山陵墓继承了这个传统，但更注重这些碑刻、匾额及纪念像等与建筑及被纪念者在精神层面的内在关系，使之构成了完整的纪念内容：牌坊和陵门上分别镏金镌刻中山先生手书"博爱"和"天下为公"，祭堂重檐间嵌以孙中山手书"天地正气"四字直额，正面三个拱门，居中者门楣上镌刻"民权"篆体铭刻，左向右分为"民生""民族"；祭堂内，东西两侧护壁上全文镌刻着孙中山《建国大纲》，原北面墓门两侧护壁曾镌刻着《总理遗训》《总理遗嘱》和《总理告诫党员演说辞》，惜今已无存。这些以被纪念者的思想所构成的纪念物，以传统的书法充分表现出来，维系着东方艺术的意蕴。

吕彦直的中山陵设计在建筑学上的成功，不仅在于民族文化符号的延续和推陈出新，更在于其确实成为中山思想最适宜的载体。

（二）广州中山纪念堂及纪念碑

中山纪念堂坐落于越秀山（又称尧山、粤秀山、越王山、观音山）下，延绵至越秀山山腰为中山纪念碑，二者在原设计中本为一组完整的纪念建筑，今分属不同的管理部门管理。

1927 年 4 月，"孙中山先生纪念堂及纪念碑筹建委员会"登报向中外建筑师悬奖征求中山纪念堂和中山纪念碑的设计图案。5 月中旬，评选揭晓，吕彦直荣登榜首。筹委会决定采用吕彦直设计的图案，由吕彦直主持建筑详图设计，参加设计的有结构工程师李铿、冯宝龄和建筑师李锦沛、裘燮钧、葛宏夫等。此后由于政局动荡不安、经费不足等原因，至 1931 年 10 月 10 日，两建筑才基本建成，共历时 3 年半，而纪念堂大门楼和室内灯光、冷气设备以及四周道路、绿化工程，直到 1933 年 3 月才最后完成。

1. 广州中山纪念堂概况及建筑特色

广州中山纪念堂坐落于越秀山南麓。此地曾是中华民国非常政府的总统府，1925 年，经以胡汉民为首的"哀典筹备会"动议和反复考察、勘测，决计在这里拆迁旧制以建新堂，此即所谓"以伟大之建筑，作永久之纪念"的由来。

纪念堂前有 5 万平方米的广场，绿草如茵，四周建有红色铁花围墙。正南为南院门，须弥座上垒砌黄砖墙体，开三个石拱券门道的院门，门道居中者较大，上覆蓝琉璃瓦歇山式屋顶，两翼略小，覆蓝琉璃瓦庑殿式屋顶。

作为主体建筑的纪念堂，平面为八角形，建筑面积 1.2 万平方米，总高 57 米。首层地面至中央吊顶净高 23 米，舞台口宽 15 米、深 15 米。在建筑结构方面，纪念堂为钢筋混凝土与钢架混合结构，大厅内，上方堂顶为玻璃镶嵌的圆形大吊顶，大厅跨度为30米，内无一柱，体积达50000立方米，堂内周围装饰着民族风格的彩绘图案，设上下两层观众席，可容纳4729人左右（临时加座可达5000人），是当时中国乃至全亚洲最大规模的会堂类公共建筑。

纪念堂施工中采用木桩基础，钢架和钢筋混凝土结构。八角形的大厅设计了30米跨的钢桁架，大屋顶由八排钢桁架结合为一个整体。四角墙壁为厚达50厘米的钢筋混凝土剪力墙，以期能负荷屋顶的全部重量。楼座以钢桁架悬臂挑出，楼板则用钢筋混凝土浇筑而成。屋顶则用一个大到可以四人合抱的呈椭圆形柱压顶。

堂前所立孙中山铜像，高5.5米，系尹积昌等于1958年创作，而铜像的花岗石基座则为1931年纪念堂竣工时的原物，四面嵌白色大理石面板，镌刻着孙中山《建国大纲》全文。

中山纪念堂是在大跨度建筑上追求中国式体形轮廓的尝试，观众厅覆盖八角形攒尖屋顶，四面四座卷棚歇山式抱厦，正面和两侧做出入口门廊，后座做舞台，总体效果完整统一、主次分明。其聚心式建筑平面布局，创作灵感可能来自北京天坛、孔庙辟雍和罗马万神殿等；能够不依靠柱网而实现大跨度室内空间，则得益于现代建筑材料——优质钢材——的使用，得益于当时自西方舶来的先进的钢桁架建筑技术。其庄严华丽的外形之内，则有异常坚固的内部结构支撑，上盖全为钢架和钢筋混凝土构成。此建筑在室内音响处理方面也达到了当时的先进水平，其减少回声的效果远胜于1952年竣工的重庆人民大礼堂。

纪念堂的建筑吸收了我国传统建筑的优秀元素，整体呈现出恢宏壮美、金碧辉煌的特色，尤其值得注意的是，吕彦直在设计中凸显了广州的地域文化特色。从建筑的整体色调到屋头檐角的细部装饰，均体现了这一民族审美特质，是一座细节处理十分考究的建筑。

宫灯：纪念堂正门檐下悬挂的五盏巨大的长方形挂穗嵌玻璃青铜大吊灯，除玻璃外，全部以生铁铸成，甚至边底部垂下的绦穗，也是由生铁铸就的。

须弥座：以须弥座作为柱基，运用中国传统装饰莲花纹，体现柔美坚韧的形象，"出淤泥而不染，濯清涟而不妖"，代表孙中山先生圣洁高尚的品质。

柱头饰：以羊头为图案的柱头饰。广州又称"羊城""穗城"，吕彦直不忽略任何一个细节，在柱头上设计为"五羊衔穗"，蕴含着设计者的文化底蕴和极强的艺术概括力。

椽子：纪念堂飞檐下两排重叠交错且与屋檐相对的"椽子"，椽子头上面绘"卍"符号。"卍"字来源于佛教，寓以"万德庄严，功德圆满"之意。明清皇家建筑的椽子头上也有这样的装饰字样，表达吉祥如意、祝福、和谐的寓意。吕彦直在中山纪念堂的椽子上使用此字样，表现出他对祖国以及人民的热爱。

斗栱：斗栱是中国古建筑中最具有代表性的语言，但并不是普遍使用的建筑语言，它与琉璃瓦一样，代表着建筑的等级。斗栱是为了加强梁架的承重能力而发明的，它的巧妙之处就在于仅使用短小的木条，通过交叉叠加竟形成"木花"，既能承托起承重的屋架又起到美观的作用。中山纪念堂在采用西方现代先进技术的同时，而又不缺乏纯中国式的建筑元素。

雀替：雀替是斗栱退位于屋顶与横梁间的装饰构件。它类似于一个直角三角形，嵌入立柱与梁枋的交接处的两端，使得梁与柱的交接不那么生硬，起到了过渡、柔化的作用。远看中山纪念堂柱廊，"雀替"如一排整齐的云朵，借着圆柱的昂然之势，显出一种举重若轻的独特韵味，加之"雀替"上卷草纹样的使用，其艺术效果趋于极致。

藻井：藻井是我国传统古建筑中室内顶棚的独特装饰部位，一般有方形、多边形或圆形，周围装饰有各种纹饰、雕刻和彩画。在整个建筑中，外部走廊平顶的藻井由陶瓷锦砖镶嵌而形成，利用规则的方形陶瓷锦砖构成了规律的二方连续构图，在边饰的处理上形成了拼花的艺术效果[①]。在宽敞、明亮的纪念堂里，穹顶四周，层层叠叠的藻井向中心聚拢，穹顶的藻井突破了传统的设计思想，具有天窗意义的藻井采用玻璃的形式，经过不同颜色的采光的折射，投入堂内的光线更加柔和、自然，这样的设计理念延续了传统的藻井形式，又有突破性的创新。

金顶：中山纪念堂的金顶呈椭圆形，高达 3.79 米，直径最大处有 4.075 米。这么一个巨大的熠熠生辉的金顶表面，全部为黄金镶贴，使用了从中国香港购进的质量上乘的金箔共 36166 张，折合重量 0.92 公斤。除了金顶外，"天下为公"字匾、总理遗嘱、建国大纲、奠基石字体也都是用金箔镶贴的。

这里应提到一点遗憾。今纪念堂庭园所立两根华表，为云鹤冠顶柱头，柱身上段不加明清皇家宫殿陵寝华表所习见的横插柱身的云板（如北京天安门华表等）；而吕彦直原设计稿中，不仅华表柱身上段饰有云板，柱顶小须弥座上也立有瑞兽，但不是旧时习见的望天犼，而是广州市的吉祥物——衔穗仙羊。此或为吕彦直在南京观摩六朝陵墓石刻时所萌发的设计灵感，而选择羊的形象，摒弃了帝王元素，亲民而富于广州地方特色，实为精致的建筑设计小品（图2–2、图 2–3）。

---

① 陶瓷锦砖：锦砖的英文为 mosaic tile，起源于古希腊，清末传入中国，今通称为马赛克砖。

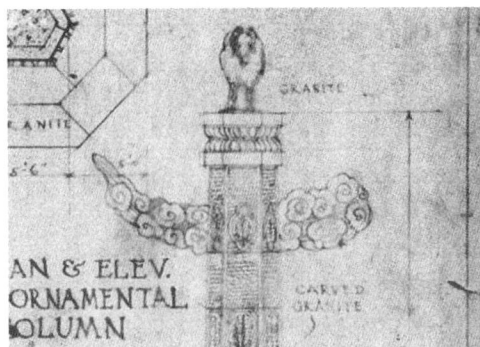

图 2-2 原设计全图之局部——华表设计
（彦记建筑事务所原图）

图 2-3 现存之华表细部
（殷力欣摄于 2008 年）

2. 广州中山纪念碑概况及建筑特色

广州中山纪念碑（又称纪念塔）与中山纪念堂原为一个整体性的建筑组群，纪念碑位于越秀山顶，踞此向南俯视，山脚偏东一隅即纪念堂之所在。今纪念碑归属越秀山公园管理。

广州中山纪念碑与纪念堂同期开工，1930 年 1 月竣工。碑高 37.3 米，碑底为方形，向上渐小而尖，碑内有梯级可回旋至顶，第一、二层四面都可凭栏俯瞰，由花岗石砌成，塔尖处原有一石砌青天白日徽，1950 年代改为八块扇形石板；内分十三层，有盘旋梯级可上，每层有窗可向外远眺。碑基上层四面有 26 个羊头石雕，象征羊城。碑身正南面镶嵌一块长约 7 米、宽约 4 米的巨型花岗石，上面镌刻着李济深书写的"总理遗嘱"。

此纪念碑碑身之下半段具有类似法国埃菲尔铁塔的曲线，而这一曲线又令人联想到中国式屋顶曲线的举折处理；碑身上段的侧立面无疑受古埃及方尖碑的影响，但正立面却保持着中国古碑的端正大方。

似乎这个纪念碑的成功之处在于：以简洁的几何图形组合为浑然一体的造型，涵盖多重文化元素而不失本土文化根基。

（三）吕彦直的其他建筑活动

1. 金陵女子大学与燕京大学校园建筑（参与规划设计）

金陵女子大学建筑群：金陵女子大学（Ginling College），简称金陵女大。1913 年（民国二年）美国教会美北长老会、美以美会、监理会、美北浸礼会和基督会决定在长江流域联合创办一所女子大学，最终选定南京为校址所在地，是中国第一所女子大学。1915 年，金陵女子大学在南京东南绣花巷李鸿章花园旧址开学。1918 年选定随园为永久校址，聘请美国建筑师墨菲规划设计。从 1922 年开工建设，到 1923 年落成，计有 7 幢宫殿式的建筑：100 号楼（会议楼）、200 号楼（科学馆）、300 号楼（文学馆）、400 号 ~700 号楼（学生宿舍）。1934 年，又据原设计规划方案补充建造了图书馆和大礼堂。1952 年，原金陵女子大学和南京大学师范学院合并成为南京师范学院，金陵女子大学随园成为南京师范大学校园。1918—1922 年间，吕彦直在美留学及学成回国在上海任职期间，曾参与过此项目的部分设计工作，其中设计总图留有吕氏签字。相比墨菲之前设计的湖南长沙雅礼大学校园建筑群，尽管留有装饰细节上的斗栱错位等失误，而其中心区域的合院式布局，表明其对中国传统建筑组群的理解又加深了一步。

燕京大学建筑群：今北京大学主校园——燕园。1921—1926 年，由美国建筑师亨利·墨菲主持总体规划和建筑设计，建筑群全部采用了中国古典宫殿的式样。此校园建筑群在分区格局及装饰细节上，对中国传统文化元素的理解和表现手法，都较设计金陵女大校园建筑群时更趋向成熟。吕彦直在美国留学期间曾参与过此项工程的部分设计，但具体工作尚待查证。

美国建筑师墨菲自 1914 年起陆续为中国南北各省设计多所

图 2-4　金陵女大 300 号楼错位的斗栱布置

图 2-5　金陵女大 200 号楼错位的斗栱布置示意

教会大学的校园：长沙雅礼大学、福州福建协和大学、南京金陵女子大学、北京燕京大学和广州岭南大学等。为减小中西文化差异给基督教传教带来的阻力，在建筑方面大都采用中国古典建筑的风格以表现基督教对中国文化的适应性，故有学者称其为"适应性建筑"[①]。不过，此时期中外建筑师对中国古代建筑的了解还属肤浅，故常常出现一些常识性错误，如分不清柱头铺作、补间铺作的作用与正确位置，以致前者竟未安置在柱头中心点上。至于吕彦直为什么对金陵女大"错位的斗栱布置"也未予纠正，这有可能是主建筑师墨菲的固执己见，但也可能是当时吕彦直自己对此也缺乏深入研究（图 2-4、图 2-5）。

　　客观评价吕彦直参与墨菲建筑事务所的上述两项设计工作，应该说，墨菲对中国传统建筑所抱有的兴趣，增强了吕彦直对本民族建筑文化传统的信心，但此时无论墨菲还是吕彦直，对中国传统建筑的了解还都不深入，因为，直至 1929 年，中国才成立了以研究中国传统建筑为主旨的中国营造学社，在此之前，业界对本民族建筑传统的认识均有所欠缺。也正因如此，从 1922 年参与金陵女大

---

① 　杨秉德.中国近代中西建筑文化交融史 [M].武汉：湖北教育出版社，2003.

设计，至 1925 年独立设计南京中山陵和广州中山纪念堂，短短三年内吕彦直所表现出的对中国建筑文化的认识提升，更显现其超迈同时期多数建筑师之天才与深思。

2. 上海银行公会大楼

位于上海市香港路 59 号。1918 年，信成、中国通商、四明、浙江兴业等国内银行发起组织上海银行公会，委托东南建筑公司过养默建筑师设计办公楼，吕彦直于 1922 年加入东南建筑公司后接手此项设计工作。此建筑占地面积 1008 平方米，建筑面积 5841 平方米，于 1925 年竣工，为文艺复兴式，钢筋混凝土结构，坐南朝北，其正立面正中为五开间柱廊，其中部四柱为标准比例的柯林斯式立柱，两端为变形的柯林斯式贴壁方柱。墙面和柱体均为假石饰面，中央大厅原为银行公会票据交换处，内部装饰具古典风格，顶部有弧形玻璃顶棚。其侧立面按前后进深设计为阶梯状递增的三部，前部三层，中部五层，后部七层。今观现状，后部似在 1949 年后有较大改动。此建筑的独特之处有二。

其一，对环境的权衡。香港路位于苏州河南岸，最初修筑于 1850 年，是一条长约百米，宽约 4 米的窄巷，邻近外滩而属商贸金融的黄金地段，也因而形成高楼林立的拥挤空间。此楼居于道路南侧，既要考虑正立面形象，又要尽量顾及对面房屋的环境不至于恶化。为此，设计者选择临街面为三层楼的建筑前部，然后纵向逐次向后退为五层的中部和七层的后部。这样做的优点是：最大限度维护了街对面坐北朝南楼房的采光与通风。这样，既保证了建筑使用面积的足敷使用，也避免了正立面视觉效果的过于突兀。

其二，建筑使用空间的合理布局。渐次增加的楼层，保证了足够的办公、营业用房，又依次布置出较宽敞的前厅、有玻璃顶棚的中央大厅，最后一进也布置出一个天井式庭院，取得闹市中相对从容的活动空间。

通观此建筑的装饰风格与空间布局，可以说其外观虽属西洋古典风格，但却可以归属于深受芝加哥建筑学派影响的所谓摩登建筑。

上海银行公会大楼的设计者究竟是东南建筑公司老板过养默，还是职员吕彦直，目前尚存异议。近期有建筑史家赖德霖撰文《阅读吕彦直》提到："其图纸（上海银行公会大楼设计图——编著者注）现存上海市城建档案馆。在图签清楚完整的屋顶平面图上，可以看到审批人（app'd by）Y. C. Lu，即吕彦直（Lu, Yen-Chih）的签字，说明吕是该项目的负责建筑师"，[①]但如没有更翔实的资料作进一步证实，似乎也不能完全排除此建筑为吕彦直与过养默合作设计的可能。过养默先生的设计作品存世不多，有代表性的为南京最高法院大楼，是一座颇具现代主义倾向的装饰风建筑，多有传统元素变形手法的运用，风格偏于夸张。相比较而言，上海银行公会大楼在柱式的选择上，没有采用当时普遍应用的折中主义手法，而采用文艺复兴式样——保持柱式的适度比例，倒更接近吕彦直的设计思想。此外，选择"文艺复兴"为文化符号，也更合乎吕彦直先生致力于文化传统复兴的理想（图 2-6~ 图 2-11）。

3. 廖仲恺墓与国民革命军遗族学校

廖仲恺墓：墓高 7.5 米，墓基周长 32 米。1926 年国民党中央成立了廖仲恺先生葬事筹备处，在南京紫金山山麓选定了墓址。廖

---

① 赖德霖. 阅读吕彦直 [J]. 读书，2004（8）.

图 2-8　上海银行公会大楼规整的柯林斯柱式（殷力欣摄于2016年）（右上）

图 2-9　上海银行公会大楼内景 – 门厅（右中）

图 2-6　上海银行公会大楼侧视（左上）

图 2-7　银行公会大楼侧立面示意（原正立面图之局部）（左下）

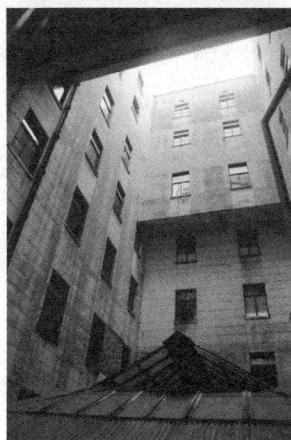

图 2-10　上海银行公会大楼内景 – 后庭院（右下）

吕彦直评传　上编

085

图 2-11　过养默设计之南京最高法院旧影（殷力欣收藏）

墓初由吕彦直规划设计，后由刘福泰等接任，至 1935 年方完成全部设计。1975 年，廖仲恺夫人何香凝逝世，遗体运至此地与廖仲恺合葬，墓碑重制。

国民革命军遗族学校：吕彦直于 1929 年底绘制该校校舍地盘图，后因病改由朱葆初继续绘制校舍设计图纸。[1] 该校位于中山陵园南隅之缓坡地带，于 1929 年 2 月开工建设，同年 9 月落成。校门为传统牌楼式，校园内绿茵广场、教室、宿舍、办公室、医院、农场、厨房、浴室等一应俱全，整体建筑风格保持吕彦直所倡导的"中国固有式"，但相比中山陵、广州中山纪念堂等，更为简朴、使用（图 2-12）。

此两处建筑虽非吕彦直先生完成定稿，但令人想到吕彦直所言："公众之建设，务宜宏伟而壮丽；私人之起居，宜尚简约。"[2] 或

---

[1]　（民国）总理陵园管理委员会．总理陵园管理委员会报告 [M]．南京：南京出版社，2008：555．

[2]　详见本书中编．

革命遺族學校之一瞥（申報攝）

SCHOOL FOR THE CHILDREN
of Chinese Revolution

Entrance to the Campus

南京國民革命軍遺族學校之校門

校址在紫金山中
遠望可見中山陵前

The School house is situated near the Sun Yat
Sen Tomb on the Purple Mountain at Nanking

（一）教務主任
張繩以女士

遺族學校上課情形共談百餘生五
孤之先革命之先烈遺

Classroom: (circle) Miss Chang S. Yi, Principal

This School is maintained solely for the pupils whose
parents died in the Chinese Revolution of 1912 and is
supported by the Government

遺孤校舍敞寬連雲建築費五十萬元
遺孤的天堂：校園（右）A view of the beautiful surrounding of the Campus.
(Right) One of the classes

有其父必有其子：遺族學校生與師長合影

呂彥直評傳　上編

图 2-12　《良友》载遗族学校旧影　　　　087

者说，只有将雄伟壮丽的中山陵、广州中山纪念堂与朴质无华的国民革命军遗族学校综合审视，才可客观理解吕彦直"中国固有式建筑"的完整寓意。

4. 绘制"规划首都都市两区（中央政府区、京市区）图案"与"国民政府（包括五院）建筑设计鸟瞰图"

1928 年 7 月，吕彦直将所作《建设首都市区计划大纲草案》委托夏光宇转呈南京首都建设委员会，吕彦直逝世后，此"草案"更名为《规划首都都市区图案大纲草案》，刊载于原首都建设委员会秘书处 1929 年 10 月编印之《首都建设》，文中多有修改，且无附图。同年 6 月，《良友》画报第 40 期以"吕彦直最后遗作"的名义刊发两图："规划首都都市两区图案"和"国民政府五院建筑设计"；同年 7 月，上海《字林西报》刊载"南京政府中心轮廓鸟瞰图"（即上文所记"国民政府五院建筑设计"）和"南京政府中心设计图"，按此三图的内容推测，当为吕彦直《建设首都市区计划大纲草案》之附图，真实反映了他的规划思想和建筑设计风格（图 2-13、图 2-14）。

The design for the President's offices and the administrative headquarters in the plans for the government centre in Nanking.

图 2-13 《字林西报》南京政府中心设计图，吕彦直绘制

規劃首都都市市府區區產作）建築家呂家最近生先直彥呂

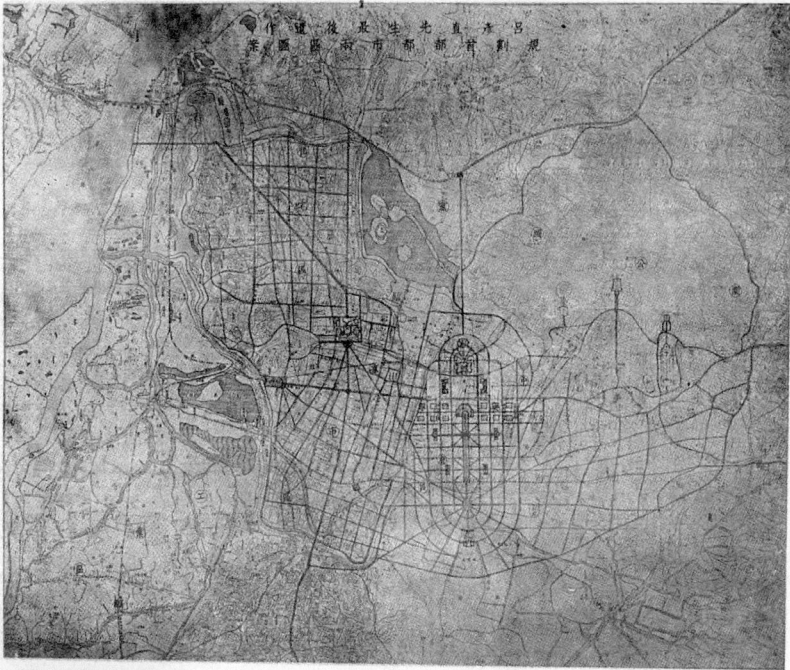

（建築家呂家產最近遺作後）案闢兩市都首劃規
Proposed Plan for Nanking, China's National Metropolis. Mr. Lu Yen Chih's last piece of work.

總理陵墓圖樣之師作者建築家呂彥直遺像（王開攝）

國民政府五院建築設計（呂彥直遺作）

The Late Mr. Lu Yen Chih, Architect, who designed the Mansoleum of Dr. Sun Yat-sen

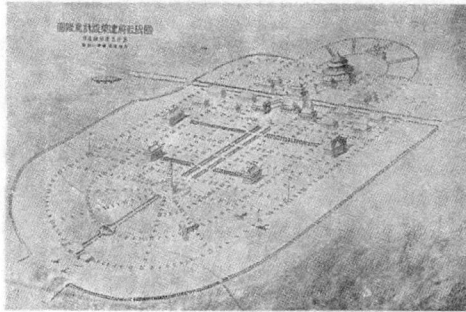

The Propsed Plan for the Buildings of the Five Yuan of the National Government. (Work of the late Mr. Lu)

图 2-14 《良友》第 40 期 "吕彦直最后遗作"（1929 年 10 月）

附： 一幅"吕彦直建筑设计稿"存疑

本书稿基本杀青之际，本书作者近日得到一则网络信息： 一幅名为"吕彦直建筑设计稿"的画作出现在北京华夏藏珍国际拍卖有限公司于 2011 年 9 月 10 日举办的"北京华夏国拍 2011 年 9 月 10 日仲夏拍卖会"之"中国近现代名人墨迹专场"（拍品号 0401），并以￥55200.00 成交。此画作为纸本，尺幅 23×16cm，仅凭网络图片看，似兼用蜡笔、水彩，画中描绘一座具有"中国固有式建筑"风格的大型办公楼类建筑，显然是一幅建筑设计初稿。据拍卖会提供的拍品说明，为"1929 年 4 月国民政府教育部举办的第一届全国美术展览会展出作品"①。有关 1929 年"全国美展"，笔者目前只查阅到绘画类参展作品目录，建筑类目录则未能查证；而此画作原收藏、此次买主的信息也未予透露，故更翔实的资料信息尚无法落实。

按照笔者目前的学识及所掌握的资料，尚无法确切判断此系吕彦直真迹抑赝品。从细节看，画中建筑物之正脊仍沿用明清宫殿式吻兽图案，而非岭南民居之博古尾，故如系真迹，似以 1927 年 4 月之前所作的可能性居多（参阅前章），但因系设计初稿，也不排除 1927 年 4 月之后的可能（正式定稿时会做其他装饰纹样选择）。再以吕彦直生平事迹求证，则如系真迹，最大的可能性是作于 1928 年 7 月前后。当时吕彦直正私拟《建设首都市区计划大纲草案》，此作或与上述《规划首都都市两区图案》《国民政府五院建筑设计》和《南京政府中心设计图》同列，为吕氏"计划大纲草案"之附图。

---

① http://pmgs.com/detail/103_226756.

另外，此画作如与上述《字林西报》所载《南京政府中心设计图》相比较，会发现二者尽管有较大差异，但正立面以重檐庑殿主楼为中心，向左右延伸两翼楼的思路是一致的，故也很可能此作即后者之初稿。如此看来，此画作如系真品，则为后人理解吕彦直规划设计思想及变化过程、艺术风格等，提供了一份弥足珍贵的佐证资料。

现将此尚存疑义的"吕彦直建筑设计稿"之网络图片收录于此，仅供研究者参考（图2-15）。

又，在同期拍卖会上，另有一组"吕彦直建筑设计照片及晒蓝图"（拍品号0402），内含4张广州中山纪念堂设计图、1张广州中山纪念堂模型和2张中山陵设计图的照相副本及若干晒蓝施工图，以￥115000.00成交。其内容、绘图风格等与笔者在黄建德、南京博物院等处所见原始资料相一致，可知也为原设计之副本，属真品无疑。此信息大致反映了吕彦直其人其作在今日已渐为公众所重视，殊堪可喜。

图2-15　吕彦直遗作——1929年4月第一届全国美展参展作品

吕彦直建筑成就浅析

在中国建筑史上，很少有哪位建筑师能够仅以一两个建筑作品开启一个建筑时代，而吕彦直先生就是这样一位独领风骚者。他所设计并监理施工的南京中山陵与广州中山纪念堂及纪念碑，无疑是现代中国建筑史上的伟大作品，这两组伟大的建筑或许并不是完美无瑕的，而即使这伟大建筑自身存在着些许瑕疵，也同样带给后人以某种重要的启示和借鉴。他的作品，开启了传统建筑艺术融入现代生活的风气之先，同时引领人们探索中国古代远未被全部认知的辉煌建筑历史。

因此，尽管后来有人挑剔吕彦直选择明清宫殿建筑样式似乎不如唐宋样式更能代表中国建筑，尽管有相当多的人赞同梁思成先生所指摘的中山陵仍嫌"西式成分较重"，但大家更认可梁先生此言的后半句："然实为近代国人设计以古代式样应用于新建筑之嚆矢，适足以象征我民族复兴之始也。"

（一）吕彦直建筑设计获得成功之内在因素

笔者认为：吕彦直设计南京中山陵与广州中山堂获得成功的根本因素在于其思想与孙文学说形成契合。

孙中山先生病逝后，"以伟大之建筑，作永久之纪念"的呼声遍及全国，于是有了兴建南京中山陵与广州中山纪念堂及纪念碑的具体倡议。吕彦直的设计在众多设计作品中脱颖而出。他所设计的这两组大体量的建筑群，既传承了纯中国式的建筑式样及传统精神，又吸纳了西方先进的建筑技术，分获南京中山陵墓图案设计和广州中山纪念堂及纪念碑图案设计首奖，看似有偶然的幸运成分，但表相之下有着必然——孙中山是伟大的革命先驱，集中代表着中国近现代变革发展的时代要求，而吕彦直作为一名学贯中西而以复兴中国文化为己任的建筑设计师，其思想理念是与中山先生的思想相契合的。

曾有人质疑中国在 20 世纪初设计建造南京中山陵与广州中山纪念堂，是重蹈以往神化领袖、个人崇拜的覆辙。其实不然，恰恰是这两组宏伟的纪念建筑，完成了传统纪念建筑的私人空间向现代纪念建筑的公共空间的递变。而吕彦直的成功，一方面由于他的才华和勤奋，更主要的原因，在于他的设计理念最为契合中山先生的理想。

今人对中山先生的理解与崇敬，主要集中于其推翻封建帝制，创建共和政体方面的丰功伟绩，而有所忽视之处，则在于中山先生在文化理念、民族文化精神方面的高远见地。实际上中山先生是由衷推崇中国传统文化的，他甚至寄希望于以中国传统文化拯救全世界。如他在《三民主义》一书中写道："中国从前的忠孝仁爱信义种种的道德，固然是驾乎外国人，说到和平的道德，更是驾乎外国。这种特别好的道德，便是我们的民族精神。我们以后对于这种精神，不但是要保存，并且要发扬光大，然后我们民族的地位才可以恢复。"①

在对民族文化抱有强烈的自尊、自信方面，吕彦直确实是中山先生的知己，故他在建筑创作方面会倡议："……今者国体更新，治理异于昔时，其应用之公共建筑，为吾民建设精神之主要的表示，必当采取中国特有之建筑式，加以详密之研究，以艺术思想设图案，

---

① 孙中山全集（9）. 北京：中华书局，1981—1986.

用科学原理行构造，然后中国之建筑，乃可作进步之发展……"①

也正是基于思想上的契合，吕彦直之设计中山陵，实际上是以此寄寓其对人生理想的追求。由此再比较一下当初南京中山陵与广州中山纪念堂两建筑设计竞赛的前三名：吕彦直、范文照和杨锡宗。从后二者日后的设计成就看，其才华、学养也是相当高的，很难说其较吕彦直先生略逊一筹。吕彦直先生之所以能两次在难分伯仲的同侪中脱颖而出，或许正得益于其对中山先生治国理念与中华文化底蕴的深层次理解吧！

（二）吕彦直建筑思想的再认识

1. 建筑与民治精神

在现代文明阶段，"慎终追远"的纪念性建筑活动并未终止，但被赋予了新的文化意义。纪念性建筑的突出神性的主色调，逐渐被社会思潮的理性倾向和伟人们的平民化倾向所取代。这种理性的平民化的纪念建筑，在世界建筑史上，似可以法国巴黎市的先贤祠和美国华盛顿市的林肯纪念堂为代表。

相比于巴黎先贤祠与林肯纪念堂，我认为，吕彦直设计的南京中山陵在建筑功能上更接近巴黎先贤祠，广州中山纪念堂则可类比林肯纪念堂而有所超越。就现在掌握的资料显示，中山陵建筑群其实是设计者的一个未完成的工程——在当初，设计者吕彦直与国民政府首都规划委员会在1929年前后已计划将以这个工程为起点，扩展为更为庞大的国家公园。按照那个计划，中山陵是国家公园的

---

① 详见本书中编。

核心，围绕着这个核心，还将建造一系列建筑组群：烈士先贤陵墓、图书馆和大学等，目前实现了的计有：奉安纪念馆、音乐台（杨廷宝设计）、光化亭（刘敦桢设计）、正气亭（传为蒋介石自选墓址，杨廷宝设计）、国民革命历史图书馆、藏经楼（今之南京孙中山纪念馆，卢树森设计）、中山书院（原赵深设计之中山文化教育馆旧址）、国民革命阵亡军士公墓（墨菲等在灵谷寺原址上规划设计）、中山植物园、紫金山天文台（杨廷宝等多人合作设计）、国民革命军遗族学校（朱葆初据吕彦直原方案设计）等，而中山大学、国家先贤祠等，并没有实现。仅以实现的部分看，中山陵的立意，不是纪念孙中山个人，而是纪念这个时代的所有烈士先贤，并由此扩展为文化教育中心。就其占据核心位置的狭义中山陵而言，所突出的是被纪念者的思想，而不是以往帝王陵所宣示的不可侵犯的神性。

这里，应提到一个细节，原国民政府首都建设委员会于 1929 年 10 月编印的《首都建设》第一期一书收录了吕彦直《规画首都都市区图案大纲草案》，而黄建德先生所藏原文手稿，题为《建设首都市区计画图案大纲草案》（未刊手稿，黄建德收藏），文中有一处细微的措辞差异——正式出版物上使用"党国"的地方，原稿一律写作"国家"。可以想见，这个变化，应该说是应编辑者的要求更改的，但无疑原稿的措辞更合作者的本意。从编辑的立场看，当时强调孙中山所制定的分"军政、训政、宪政"三个阶段的政策，改国家为党国，也未可厚非，但吕彦直使用"国家"，其本意是超越了党派的界限，以全国全民族为着眼点，无疑更接近中山先生的长远理想。

在广州中山纪念堂方面，这个纪念建筑更主要的功能，其实是公共建筑的功能。"以伟大之建筑，作永久之纪念"，纪念的最好的方式，是让这个纪念殿堂成为公众集会的场所，甚至是大众娱乐的场所。我以为，这也深合被纪念者的理想与意愿。这个公共集会、大众娱乐的场所，可以说是学习西方民主精神的产物，也可以说是中国古代"民为上，社稷次之，君为轻"[①]传统的伟大复归。

2. 建筑设计过程中的文化积淀与创新

前文提到了吕彦直在两座中山纪念建筑的设计过程中的殚精竭虑，并着重记录了两组建筑在屋顶装饰纹样上的数次修改。因这个细节涉及设计者在文化象征意义方面的思考，这里再赘言一二。吕彦直生平资料极为有限，以下分析为笔者审读现有资料所作推测，仅供读者参考。

传统官式建筑以等级最高的北京紫禁城太和殿为例，其为建筑形制最高等级的重檐庑殿顶，正脊两端安有高 3.40 米、重约 4300 公斤的大吻，四条垂脊镇瓦上装饰有排列有序的镇瓦兽，自上而下依次为垂兽（龙首形）和十一枚仙人走兽——行什、斗牛、獬豸、狎鱼、狻猊、海马、天马、狮子、凤、龙和挑檐顶端的骑凤（一说为鸡）仙人，统称"仙人走兽"。这在中国汉族宫殿建筑史上是独一无二的，显示其至高无上的尊崇地位。在明清建筑史上，按建筑等级，仙人走兽的数量会递减至九、七、五枚。吕彦直在设计他的两组中山纪念建筑的过程中，最初也沿用了正脊大吻与垂脊仙人走兽的图样，但因建筑尺度的关系，面临选择困境：如沿用太和殿的走兽十一枚，则视觉效果不佳，如减少枚数，则有等级低于太和殿之感，此为设计者所不情愿。另外，在建筑材料选择方面，吕彦直在其竞赛方案说明书中对屋顶的材质预留了铜质瓦顶与琉璃瓦顶两种选择（吕彦直自己倾向于选择瓦面及檐下飞椽等均用铜质材料），这也势必会在日后的施工中要面临造价方面的考量。为此，设计竞

---

① 《孟子·尽心章句下》。

赛夺标之后，吕彦直又在监理施工过程中反复考虑变通完善之策。

第一个见诸图档的变通尝试，即中山陵设计竞赛之后不久的 1925 年 12 月 5 日之"初定设计稿"。该方案与竞赛方案相比，其中之中山陵祭堂、碑亭与陵门等处的正吻、垂兽和仙人走兽之形象不变，但将原方案的铜质筒板瓦仰合铺砌形式，改为铜瓦片作鱼鳞状铺砌。这种用料材质和做法的改变，有可能是为了取得非常规的外观效果，同时也似乎有工程造价方面的考虑——显然铜质片瓦铺砌比铜质筒瓦与板瓦组合铺砌要用料节俭许多。

鱼鳞状瓦面的做法在中外建筑中均有先例，西方建筑多为红砖质地的牛舌瓦（瓦片整体为长矩形而其中一端作圆弧状）铺砌；中国建筑实例，据笔者现有资料，仅见于承德外八庙中须弥福寿之庙、普陀宗乘之庙等内地建造的藏传佛教建筑（西藏、青海二地佛寺尚未见有类似殿堂，有可能为清康乾时期由西方传教士引进图样），为铜质镏金瓦片，但其单瓦片略呈银杏叶状，叶片之末端有铆钉孔，似以钉将瓦片固定在屋面，其铺砌做法较为复杂，与西式建筑之牛舌瓦铺砌的做法差异较大。比较而言，如前文所述，吕彦直这一"暂定稿"借鉴西式建筑或藏传佛寺的可能性均有，而似乎更接近前者。但无论其选择何种施工工艺，最终所形成的图像因有正脊、垂脊的传统纹饰，都接近于承德须弥福寿之庙中的吉祥法喜殿而非西式建筑。选择借鉴藏传佛教建筑，在设计意图上，极可能与当时推翻帝制之后倡导多民族共融而以汉满蒙回藏为代表的"五族共和"有关。这个铜质的"鱼鳞瓦面"方案最终也未被采纳，其原因可能有三：吕彦直自己还不甚满意（从视觉效果上看，鱼鳞状瓦面更适于四角攒尖屋顶）、实际造价较原竞赛方案要高昂许多、找到了更好的设计方案（图 3–1~ 图 3–5）。

吕彦直曾在竞赛获头奖五天后发表《孙中山先生陵墓建筑图案说明书》，其中写道："屋面最佳用铜，已如前言，较之琉璃炼瓦，

图 3-1　紫禁城太和殿屋顶

图 3-3　西式牛舌瓦通常铺砌做法 1

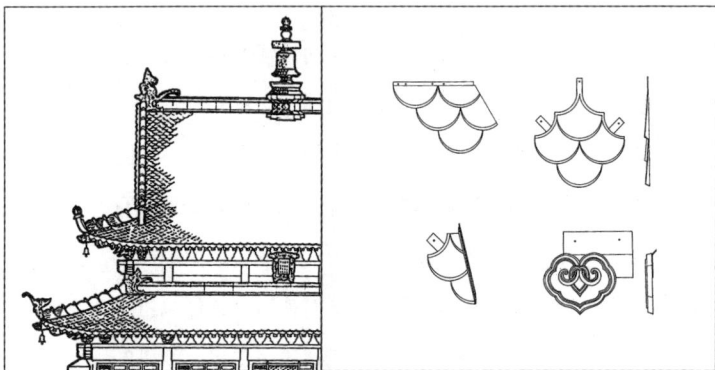

图 3-2　承德须弥福寿之庙中吉祥法喜殿瓦面及铺瓦示意图（节选自天津大学建筑系编著《承德古建筑》）

其价当匪甚远"[1]，可见他在参加设计竞赛之初，曾估计铜质筒板瓦仰合铺砌屋顶与使用琉璃瓦在造价上差距不大。很可能竞赛夺标之后进入设计定稿、工程预算阶段，发现实际情况并非如此，遂有变铜质筒板瓦仰合铺砌为铜质瓦片鱼鳞状铺砌的设想，仍不能降低造价，故最终定稿确定为宝蓝色琉璃筒板瓦铺砌，但在正脊、垂脊等处的装饰图案上又有较大改动。

---

[1]　参阅本书中编。

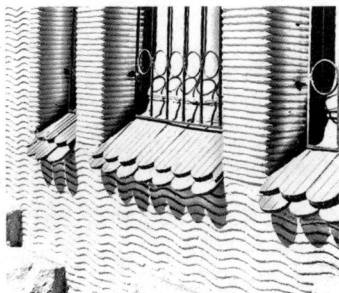

图 3-4　西式牛舌瓦通常铺砌做法 2

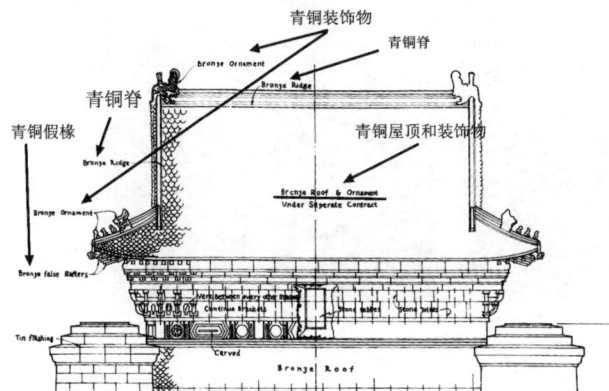

图 3-5　吕彦直 1925 年 12 月 5 日图稿——祭堂正立面详图

　　现在看来，吕彦直所找到的更好的设计方案大约形成于 1927 年 4 月，即借鉴岭南民居的装饰纹样，将广州中山纪念堂屋顶垂脊之垂兽改为博古纹（似商周青铜器中抽象化的云纹、螭龙纹饰），将仙人走兽之仙人骑凤亦作博古纹饰的抽象处理，仙人与垂兽之间的走兽则为天狗式蹲兽（亦作线条抽象处理），瓦面既不选择铜质筒瓦，也不选择铜质鱼鳞状瓦，而最终定为蓝色琉璃瓦作板瓦、筒瓦之仰合铺砌。岭南民俗中的天狗，本为犼的民间传讹，也称望天吼或朝天吼，相传为龙王之子，有守望之功。我国重要的皇宫、陵墓建筑物前所树华表柱之柱顶也常以此为题，寓意"上传天意，下达民情"，是社会祥和与国家尊严的象征物。以此取代名目繁多的走兽，自是恃自身分量而可忽略数量。由于这个方案作了创新的抽象处理，装饰物摆脱了等级限制，纯为视觉效果考虑，故广州中山纪念堂屋顶走兽数量为顶层九枚、四方抱厦屋脊五枚，而南方楼屋脊仅为三枚，这个数量上的多寡差异，只令人感到画面和谐，却丝毫不存在高低贵贱之感。之后不久，大概鉴于广州中山纪念堂的设计效果比较理想，同年8月，设计者将中山陵祭堂、陵门、碑亭等也作了同样的改进，走兽枚数一律为三枚（图3-6~图3-9）。

图3-6 岭南民居屋脊博古纹装饰1

图3-7 岭南民居屋脊博古纹装饰2

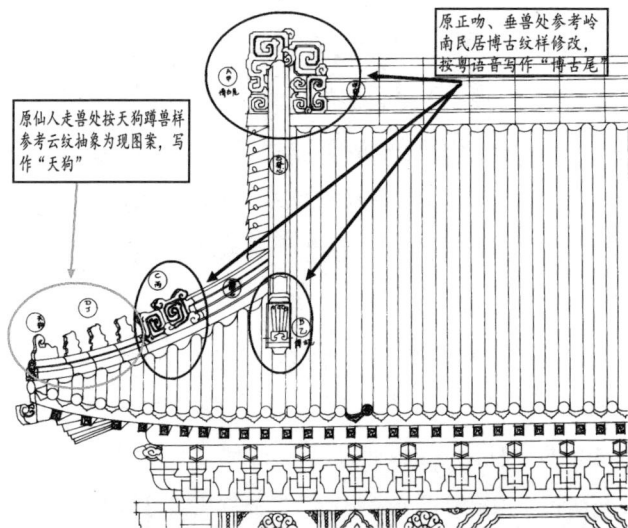

图3-8 1927年8月吕彦直设计图稿——中山陵陵门正立面局部

图 3-9　中山陵施工图之博古纹标准图样

　　以这个细节上修改—再修稿—定稿的过程为例，吕彦直先生在国人对传统建筑样式与施工工艺尚不甚谙熟的时代，展示了其开阔的视野——皇家建筑、少数民族建筑以及民俗性质的装饰纹样等，无不博采涉猎；同时也展示了对所涉猎创作素材的斟酌、消化、再创作能力——定稿无疑借鉴了岭南博古纹等图样，但与原素材比对，其强化的线条抽象与图案化，无疑更适于庄重大方的大型纪念建筑。相比后来一些建筑师设计民族风格建筑时的简单挪用和平鸽、向日葵等图样，更显见吕彦直博采八方的宽阔视野和高超的创作手法。

3. 吕彦直建筑思想中被忽略的一项

　　关于因吕彦直而声名大噪的"中国固有式建筑"流派，以往建筑界在肯定其以民族建筑形式应用于现代建筑的实践之余，又普遍质疑其适用范围，认为"中国固有式建筑"就是形式上复古中国的宫殿建筑及高等级宗教建筑、陵墓建筑，存在着明显的耗资过大的弊病。但是，如果我们细读吕氏文存，也不难发现这并不是吕彦直先生的全部主张。

　　固然，吕彦直曾言："今者国体更新，治理异于昔时，其应用之公共建筑，为吾民建设精神之主要的表示，必当采取中国特有之建筑式，加以详密之研究，以艺术思想设图案，用科学原理行构造，然后中国之建筑，乃可作进步之发展。"这句话中的"中国特有之建筑式"被普遍认作是宫殿式建筑，但此言之上段另有所言："民治国家之真精神，在集个人之努力，求供大多数之享受。故公众之建设，务宜宏伟而壮丽；私人之起居，宜尚简约。"①从这句话看，借鉴华丽的宫殿式建筑仅是吕彦直设计思想的一部分，而其更为根本的主张是：华丽与简约应各有其适用范围。就吕彦直参与而没有完成定稿的国民革命军遗族学校看，他的"中国固有式建筑"也确实有采纳简约形式的尝试。

有鉴于此，笔者以为吕彦直遗稿《建设首都市区计画大纲草案》《致夏光宇函》和建筑实例"国民革命军遗族学校"等，值得学术界予以更大的关注和研究。

4. 吕彦直建筑创作生涯的一点历史局限

1929年，在中国建筑界发生了两件大事：其一是吕彦直设计的南京中山陵第一、二部竣工并举行孙中山灵柩奉安大典，其二是北洋政府元老朱启钤在北京筹建中国营造学社。这两个事件的契合点在于：前者从事创作，后者从事研究，而二者的目的都在于探索中国传统建筑文化在现代中国的复兴之路。契合点之外，另有错位之处：从事建筑设计的吕彦直在从事创作之际，所能了解到的中国建筑历史知识，尚局限于明清两代的宫殿式建筑，而对明清以前的建筑、散布于各地乡野的民居建筑，则几乎是认识空白；当中国营造学社研究员梁思成、刘敦桢等率团队陆续发现唐代五台山佛光寺、

---

① 　详见本书中编：吕彦直《建设首都市区计画大纲草案》。

辽代蓟县独乐寺、宋代正定隆兴寺等一大批早于明清的中国古代建筑经典的时候，吕彦直已经谢世。

正是鉴于吕彦直等倡导"中国固有式建筑"的早期设计作品，大多以明清宫殿寺庙建筑为设计参照，故梁思成在参与南京中央博物院建筑设计之际，乃力主采纳辽宋建筑形式以取代明清宫殿形式。

假以时日，吕彦直先生能够看到中国建筑历史研究界连续不断的发现，他的创作又会有什么样的变化呢？

结语

如上所述，吕彦直先生设计的南京中山陵与广州中山纪念堂，开创了"中国固有式"建筑流派，而这一流派，既是"民族文化复兴的象征"，也毋庸讳言有其时代的局限。

我们拿中国近代建筑师吕彦直等与意大利文艺复兴之初的建筑师布鲁奈列斯奇（Filippo Brunelleschi，1377—1446，又译作布鲁内莱斯基、布鲁乃列斯基等）作一比较。欧洲文艺复兴时代在建筑上之超越前代，得益于布鲁奈列斯奇等对古希腊、古罗马建筑遗存的考察和研究。相比布鲁奈列斯奇对古希腊、古罗马建筑的了解，中国建筑师在了解前代建筑遗产方面，面临的问题远为复杂。布氏等个人性质的一代人即可完成的探索，在中国则需要中国营造学社这样的研究团队耗时几代人去完成。或者说，布氏一个人的工作，需要从事创作的"吕彦直们"与从事研究的"梁思成、刘敦桢们"去合力完成。也正是因为中国情况的复杂，我们更有理由期待在吕彦直、梁思成之后，有更大的突破，有更伟大的建筑问世。

参考文献

[1] 吕彦直.规划首都市区图案大纲草案.未刊手稿,黄建德收藏.

[2] 吕彦直.致夏光宇函.未刊手稿,黄建德收藏.

[3] 黄檀甫.代表吕彦直建筑师在中山陵墓奠基典礼上的致辞.未刊手稿,黄建德收藏.

[4] 南京市档案局,中山陵园管理局.中山陵史迹图集 [M].南京:江苏古籍出版社,1996.

[5] 总理陵园管理委员会.总理陵园管理委员会报告 [M].南京:南京出版社,2008.

[6] 国都设计技术专员办事处.首都计划 [M].南京:南京出版社,2007.

[7] 南京市政协文史资料委员会.中山陵园史录 [M].南京:南京出版社,1989.

[8] 孙中山纪念馆.中山陵园史话 [M].南京:南京出版社,1999.

[9] 中国建筑师学会,中国建筑,1933,1(1).

[10] 建筑文化考察组.中山纪念建筑 [M].天津:天津大学出版社,2009.

[11] 建筑文化考察组.辛亥革命纪念建筑 [M].天津:天津大学出版社,2011.

[12] 建筑文化考察组,抗日战争纪念建筑 [M].天津:天津大学出版社,2010.

[13] 孙中山全集(全十一卷) [M].北京:中华书局,1981—1986.

[14](美)费正清.剑桥中华民国史 [M].杨品泉等译.北京:中国社会科学出版社,1994.

[15] Wincok, Michel.Les voix de la liberté.@Édution du,2001.

[16] 沈先金.孙中山的足迹 [M].南京:南京出版社,2005.

[17] 梁思成全集(第四卷) [M].北京:中国建筑工业出版社,2001.

[18] 杨秉德.中国近代中西建筑文化交融史 [M].武汉:湖北教育出版社,2003.

[19] 吴光祖.中国现代美术全集(建筑艺术1) [M].北京:中国建筑工业出版社,1998.

[20] 德文.浅议吕彦直与墨菲就当年南京政府中心选址和构思之辩 [J].北京规划建设,2008(4):106-108.

[21] 赖德霖.中国近现代建筑史研究 [M].北京:清华大学出版社,2007.

[22] 赖德霖.民国礼制建筑与中山建筑 [M].北京:中国建筑工业出版社,2012.

[23] 卢洁峰.吕彦直与黄檀甫 [M].广州:花城出版社,2007.

[24] 卢洁峰.广州中山纪念堂钩沉 [M].广州:广东人民出版社,2003.

[25] 广州市中山纪念堂管理处.广州中山纪念堂历史图册.非正式出版物,2006.

[26] 良友.孙中山先生纪念特刊.上海:良友印刷公司,1926.

[27] 良友.上海:良友印刷公司,1929(40).

[28] 徐楠.广州中山纪念堂建筑工程解读.未刊稿.

[29] 国民政府首都建设委员会,首都建设,1929(1).

[30]《申报》《国民日报》《大光报》《字林西报》(North China Daily News)等 1925—1934年部分报刊资料.黄檀甫搜集整理,黄建德保存.

中 编

吕彦直先生文存

吕彦直先生文存 [①]

殷力欣　辑录、校订

孙中山先生陵墓建筑图案说明书 [②]（图 1-1）

墓地全部之布置。本图
案之标题，为祭堂与墓室之
联合，及堂前台阶石级及空
地门道等之布置。今在中茅
山指定之坡地，以高度线约
四三五呎（即百四十米左右）
为起点，自此而上，达高度
线五九四呎（即百七十米左
右），为陵墓之本部。其范
界略成一大钟形，广五百呎，

图 1-1　孙中山先生陵墓建筑图案说明书

[①] 本编所收录之吕彦直先生文稿凡五种六篇。其中前两篇（《孙中山先生陵墓建筑图案说
明书》、《吕彦直君之谈话》）首刊于 1925 年 9 月 25 日《申报》；后三篇（《吕彦直致
夏光宇函》、《建设首都市区计划大纲草案》、黄檀甫《代表吕彦直在中山陵墓奠基典礼
上的致辞》）系黄建德先生收藏之作者手稿。此五种文稿又曾收录于《中山纪念建筑》
一书之附录部分（天津大学出版社，2009 年 5 月）。本次刊行《吕彦直集传》，辑录者
对上述文稿作重新校订，着重将手稿《建设首都市区计划大纲草案》与其更名为《规
画首都都市区图案大纲草案》发表之版本作汇校、疏证，以期为近现代建筑历史之研
究者及广大读者提供一个准确体现吕彦直建筑思想的文本。——辑录者注。

[②] 本文之中之长度单位有"呎""吋"写法，系当时学术界的通用写法，"呎"即英尺，"吋"
即英寸，以此区别于华尺华寸。为保留历史信息，本书对此种写法不作改变。下同。

袤八百呎。陵门劈三洞，前为广场及华表（接陵门及华表因建筑费不敷，此时不能建造，惟在图案上似属需要，日后增建可也），车舆至此止步。自此向南，即筑通钟汤路之大道（此道以自八十呎至百呎为宜），又陵门即达广原，此即条例中所需容五万人伫立之空地。此原依山坡约作十分一之斜面，其中百呎宽处，铺石为道。自陵门至石级之底，约四百五十呎，凡分五段，每段各作阶级若干步，石道两旁坡地则为草场。台阶石级凡三层，宽约百呎。自下而上，首层级数十八，二层三十，最上四十二，共高四十五呎，以达祭堂之平台。在阶级顶端与台平处，可置石座，上立中山立像。此像之高，当在十八呎左右为合度。祭堂平台阔约百呎、长四百八十呎。台之两端，立石柱各一。台之中即祭堂，其图案大略如次：

祭堂　祭堂长九十呎，阔七十六呎，自堂基至脊顶高八十六呎。前面作廊庑，石柱凡四，成三楹。堂之四角各如堡垒。堂门凡三，拱形。其门用铜铸之。堂顶复檐，上层用飞昂搏风之制，檐下铺作之桥栱，因用石制而与木制略异其形式。中国宫室屋顶向用炼瓦[1]，惟瓦屋之顶，若长事修葺，则易滋生蔓草，且瓦片尤易折毁，故此祭堂之顶，最善莫如用铜。铜顶之制，在本国建筑史上已有所见，较之炼瓦坚久多矣。

　堂之内，两旁有柱各二。中部之顶特高，约五十一呎，作穹窿式。其上施以砌磁[2]，作青天白日之饰。而堂之地面则铺红色炼砖，以符满地红之徵象。堂之四壁，用大理石作壁板，上刻中山先生遗嘱及建国大纲等文。堂之四角各设小室，以备度艺纪念品等之用。堂之后壁即墓门所在。门前立石碑，刻"孙中山先生之墓"之文。

---

[1]　炼瓦，通称琉璃瓦——编著者注。

[2]　砌磁，系民国早期建筑界之专业术语，类似今日所谓瓷质锦砖或马赛克——辑录者注。

墓室 墓室之门作双重。自祭堂入门，升九级而达机关门，以入于墓室。室作圆形，穹窿顶，亦饰以青天白日之砌磁。安置石椁之处，较周围为低，绕以石栏，以供瞻仰。此墓室乃依山开掘而成，故外部只露圆顶，而与祭堂相连。

构造及费用 祭堂等之计画，因建筑费之限制，其面积及尺度已为至小适合之度（设万不得已，祭堂之面积，尚可缩小十分之一而不失其形式），所需开掘之山地及拥壁之建筑，亦系最少之量。墓室之依山开掘，即以此故，且尤谨敕。祭堂之构造，为此图案中费用最大之标。其墙壁之面必需用石，固不待言，至墙身则用最佳之砖即可。内壁用大理石及人造石。屋顶之人架，以钢凝三和土为之。屋面最佳用铜，已如前言，较之琉璃炼瓦，其价当匪甚远。门窗之属，更宜用铜。此外如通风防湿制亦皆依科学的方法而设施之。

图案画目次：

一、全部平面图　一吋等于五十呎，附全部正面立视图。

二、祭堂平面图　一吋等于八呎。

三、祭堂正面立视图　一吋等于八呎。

四、祭堂侧面立视图　祭堂纵截剖面图、祭堂横截剖面图，一吋等于十六呎。附全部纵切剖面图，一吋等于五十呎。

五、透视图　"陵墓形势一览图"。

六、透视图　"祭堂侧视"（油画）。

（原载《申报》1925 年 9 月 23 日）

吕彦直君之谈话（图 2-1）

孙中山先生陵墓图案展览会，吕邦彦先生应征得第一名。吕君，安徽人，美国康奈尔大学毕业，建筑专家，曾在中南建筑公司任职，现自设真裕公司彦记建筑事务所于四川路二十五号。记者昨往询问，兹将谈话记下。

图 2-1 吕彦直君之谈话

吕君云："余此次拟样，系中国式。初意拟法国拿破仑墓式，继思之不合，故纯用中国式。陵墓最重要之点，即在柩之保存，与祭堂之阔大，此合于中国习惯也。发柩之处在地窟内，四围隔以高栏，以供后人之瞻仰凭吊，余此样式，并非极华丽者。式样较华美者颇多，不过需费太多，不甚相宜。工程开始，当在明年春季也。"

记者又询以全图形势，似一钟形，闻委员会中人言，寓暮鼓晨钟之意，然否？吕君曰："此不过相度形势，偶然相合，初意并非必求如此也。"

又云：得名誉奖之赵深君，尚在美国留学，该稿系由美寄到者云。

（原载《申报》1925 年 9 月 23 日）

吕彦直致夏光宇函 [①]（图 3-1）

光宇我兄大鉴：

奉手书敬悉，南京市府拟组织设计委员会。辱蒙推荐，并承垂询意见，不胜铭感。对于加入市府拟组之专门委员会，因弟于此事意气如所条陈，故此时不能断然允诺。兹先将鄙意分列三款陈述如次。（甲）答复尊函询及各条，（乙）对于首都建设计画之我见，（丙）私拟"规画首都设计大纲草案"之供献 [②]。

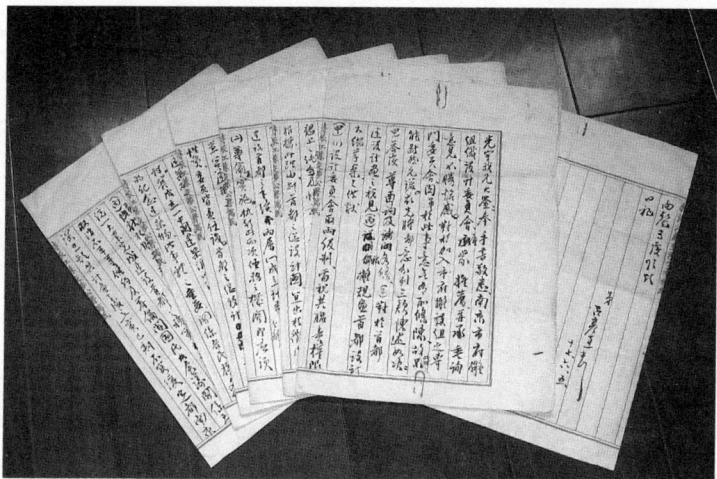

图 3-1　吕彦直致夏光宇函

---

① 夏光宇，上海青浦人，早年入北京大学攻读建筑学，毕业后曾任交通部技正、路政司科长、广三铁路管理局局长等。1927 年 4 月 27 日，葬事筹委会第四十五次会议决议："聘请夏光宇君为筹备处主任干事。"南京市档案馆，中山陵园管理处 . 中山陵档案史料选编 [M]. 南京：江苏古籍出版社，1986：102.

② 此处所谓"规画首都设计大纲草案"，作者在正式文本中写作《建设首都市区计画大纲草案》。
又，"规画"系当时写法，今规范写作"规划"。为保存历史信息，本书保留这一历史词汇。类似写法还有"计画""筹画"等。

（甲）

（1）设计委员会取两级制，当视其职责权限之规定，始可决其适宜与否。因陵园计画委员会之经验，关于规定委员会名称职权，极宜审慎，请于下（乙）款鄙见内陈述之。

（2）建筑设计专门委员会人限及组织问题，根本解决在确定其目的及事务之范围。若其目的仅在拟制首都设计总图案，则弟意以为此项任务不宜采用委员会制度。盖所设总图案者，即首都全市之具体的完整的布置设计（General Schemeor Parts）。就南京市之性质及地位情状而言，其设计虽包括事项多端，但在根本上已成一创造的美术图案。但凡美术作品，其具真实价值者，类皆出于单独的构思，如世界上之名画、名雕刻、名建筑以至名城之布置，莫非出于一个名家之精诚努力。此种名作固皆为一时代文化精神思想之结晶，但其表现必由于一人心性之理智的及情感的作用。美术作品最高贵之处在于其思想上之精纯及情意上之诚挚，其作用全属于主观。根据此理由，则首都之总设计图，宜出于征求之一道，而决非集议式的委员会所能奏效。悬奖竞赛固为征求办法之一，但需时需费，而因历史国情等人地关系，结果未必可观，特约津贴竞赛似较适用，或径选聘专材全责担任创制，亦最妥之办法。因即使必用委员会制，其设计草案亦必推定一人主持也。且建筑师为美术家，艺术创制之工作可有分工，而不能合作，其性质盖如此也。（此处所言总设计为规模完整的全体布置，全属艺术性质，至于其中之局部详细计画，固为专家分工担任之事，其组织法于下款鄙见中陈述之。）

（3）外国专家，弟意以为宜限于施行时专门技术需要上聘用之。关于主观的设计工作，无聘用之必要。以上答复尊询各条。次陈述：

（乙）对于建设首都计画之我见

建设首都之手续两层：（一）成立计画全部及分部；（二）筹备

及实施。执行此两项任务之机关，即应须成立之各委员会。

先就性质上观察之，建设首都为国家建设事业之一，其情形条件与开辟一商埠相似，非一地方之事，故其执行机关之性质为属于中央的，其委员会适用两级制。委员会名称及组织，依弟意宜有：

（一）"首都建设委员会"其职权为决定计画、厘定方针、筹备经费及实施工程。其组织如市府所拟"设计委员会"。委员包括党部国府市府及有关系部长及政务官长。在实际上实施工作之责，属于市府，故此委员会当以市府为中心，盖建设委员会有临时性质（其存在期间实际上固必甚久），首都建设完成以后委员会终止而市府继续其职务。

（二）"首都市政计画委员会"为专门家之委员会，其任务为责计画市政内部各项事业。市政所应包括事项，如交通系统、（街道市区布置）交通制度、（铁道电车水线航空等）卫生设备、建筑条例、园林布置、公共建筑、工商实业等细目。此委员会为永久性质，委员皆责任职。首都之总设计成立以后，由此委员会制定其内部之详细计画。其组织大要宜为一整个的委员，应包括代表市政各项事业各一人特聘之顾问等。宜设常务委员，并就各项事业之需要附设专门技术委员会或技师以执行计画之实际工作（按此委员会之性质为 Commission，含有特设研究之意义，我国尚无相当名称）。

于此两级委员会以外，有一事应需特别设置者，即中央政府及市府之各项建筑之工程是也（按吾国名词现未统一，混淆已极，建筑一语意义尤泛。今为便利起见，拟规定建筑当为 Architecture 之义，至 Contruction 则宜课曰建造或建设）。

其次，公共建筑将为吾国文化艺术上之重要成绩，其性质为历史的纪念的。在吾国现在建筑思想阙如、人才消乏之际，即举行盛大规模之竞赛，亦未必即求得尽美之作品。弟意不若由中央特设一建筑研究院之类，罗致建筑专才，从事精密之探讨。冀成立一中国之建筑派，以备应用于国家的纪念建筑物。此事体之重要，关系吾民族文化之价值，深愿当局有所注意焉。依上述组织法列表如次：

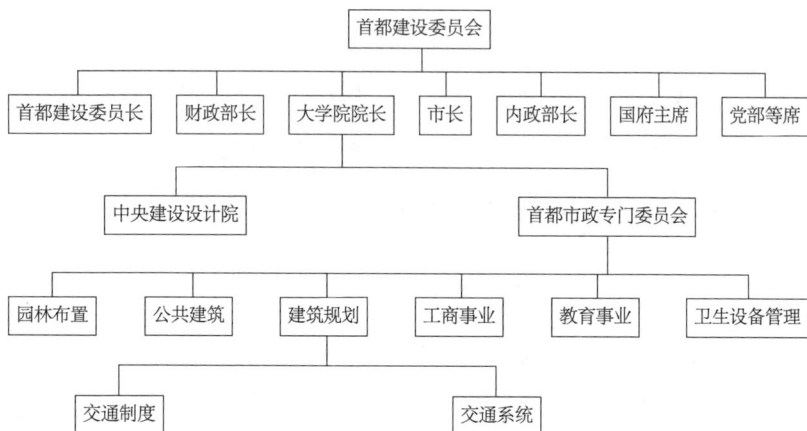

```
                        首都建设委员会
    ┌──────┬──────┬──────┼──────┬──────┬──────┐
首都建设委员长 财政部长 大学院院长 市长 内政部长 国府主席 党部等席
              ┌────────┴────────┐
          中央建设设计院        首都市政专门委员会
    ┌──────┬──────┼──────┬──────┬──────┐
园林布置 公共建筑 建筑规划 工商事业 教育事业 卫生设备管理
          ┌──────┴──────┐
      交通制度        交通系统
```

以上为弟理想中建设首都之完善计画，其注重之点在求简捷适用而尤贵精神上之统一与和合，与市府所拟微有不同。我兄意见如何？可否请将鄙见提出市府参考应用？前阅报载建设委员会委员李宗黄有设立"市政专门委员会"之建议，未知其内容如何者。

（丙）贡献私拟"规画首都设计大纲草案"

统一大业完成，建设首都之务，于实现党国政策，若取消不平等条约及筹备开国民会议，关系至深且巨，其计画之成立，实已刻不容缓。定都南京为总理最力之主张。在弟私衷以为此钟灵毓秀之邦，实为一国之首府，而实际上南京为弟之桑梓，故其期望首都之实现尤有情感之作用。自去岁党国奠都以来，即私自从事都市设计之研究，一年以来差有心得。自信于首都建设之途径已探得其关键，愿拟草就图说至相当时机，出而遥献于当道，以供其研究参用。弟承市府不弃，咨询所及敢不竭鄙识，沥陈下情，请于市长假以匝月之期，完成鄙拟"规画首都设计大纲草案"，进献市府作为讨论张本，然后再商榷征求设计之手续。弟之此作非敢自诩独诣，实以心爱此都深逾一切，且于总理陵墓及陵园计画皆得有所贡献，故于首都设计之事，未尝一日去情。如特因我兄之推谷，蒙市长及当道之察纳，使弟一年来探索思构之设计，得有实现之一日，则感激盛情于无既矣。言不尽意，余当面罄。专覆顺颂

日祉

弟 吕彦直 顿首

十七、六、五

（黄建德提供）

《建设首都市区计画大纲草案》①（原稿）（图4-1）

　　夫建设根据于计画，计画必基于理想；有邃密之理想，然后有完美之计画；有完美之计画，然后其设施乃能适应乎需要，而其成绩始具真价值。中华民国之建国也，根据三民主义之理想，及建国方略之计画，而以世界大同为其最高之概念者也。首都者，中枢之所寄寓，国脉之所渊源，树全国之模范，供世界之瞻仰。其建设计画之基本理想，当本于三民主义之精义，及建国大纲所定之规制，造成一适用美观、宏伟庄严的中央政府运用权能之地，同时尤须以增进发展都市社会之文化生活为目的。

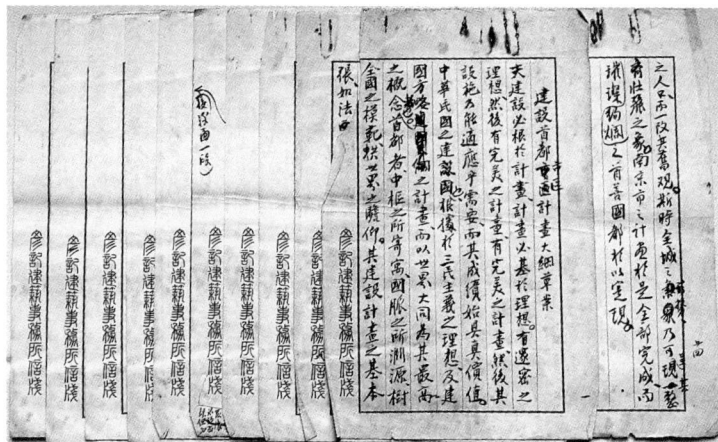

图4-1　建设首都市区计划大纲草案（原稿）

---

①　此文原载于原首都建设委员会秘书处 1929 年 10 月编印《首都建设》第一期,标题为《规画首都都市区图案大纲草案》,现据吕彦直先生手迹整理抄录。此份手稿收藏于黄建德先生处,蒙慨允收录本集,特向黄建德先生致谢。
　　又,吕彦直逝世后,上海《字林西报》《良友》画报先后以"吕彦直最后遗作"的名义刊载"规画首都都市两区图案""南京政府中心轮廓鸟瞰图"（又称"国民政府五院建筑设计"）和"南京政府中心设计图",似为此份文稿之原配图。详见本书上编、中编。——整理者注。

都市计画，有理想的及实际的，两方面须兼顾并察。就乎地而起新都，则可尽理想中至完尽美之计画以从事，如北美之华盛顿是；就旧都而建新市，则必须斟酌实际情况，因势制宜，以逐步更张，如法国之巴黎是。若南京者，虽为吾国历代之故都，但其所被兵燹之祸独烈，所留之遗迹最缺，其有保存之价值者盖尠，全城三分之二，实可目之为邱墟、等诸于平地。故就今日南京状况观之，可谓其兼有法、美二京初设时之情势，则规画之事、理想与实际当兼并而出之，以臻于至善。巴黎之改造也，拿破仑第三以帝主之威力，采用浩士曼之计画[①]，积极施行，更奖励民间之建筑，不数年而巴黎成为世界最美观之都城。华盛顿京城之擘画，成于独立战争之后，出于法人朗仿之手[②]，但其后未能完全根据当日之计画，至今二百余年后，乃知其失策。现已由国会派定艺术专会，从事纠正其舛误，以求符合于朗仿之计画。由是以观，建设都市有先定基本计画而后完全依据以施行之必要。吾国首都建设伊始，宜作详审之研究，以定精密之计划，既当师法欧美，而更须鉴其覆辙焉。

　　就地理之形势、政治之需要及社会之情状而观之，南京之都市，宜划为三大部分：一曰中央政府区，二曰京市区，三曰国家公园区。中央政府区，宜就明故宫遗址布设之，依照本计画之所拟，将来南京都市全部造成之时，此处适居于中正之地位。京市区先就城中南北两部改造之，而东南两面，则拆除其城垣，以扩成为最新之市区。夫城垣为封建时代之遗物，限制都市之发展，在今日已无存在之价值。惟南京之城垣，为古迹之一种，除东南方面阻碍新计画之发展，

① 浩士曼计画，今通译"奥斯曼巴黎改造计划"。奥斯曼（George Eugène Haussmann，1809—1891），法兰西第二帝国时期曾任巴黎市长，任内对巴黎市区作有计划的改造。——整理者注。

② 朗仿，法国建筑师、规划师，今通译"朗方"。——整理者注。

必须拆却外，其北面及西面，可利用之以隔绝城外铁道及工业区之尘嚣，并留为历史上之遗迹。城西自下关以南，沿江辟为工业区，铁道、船坞皆使汇集于是。国家公园区自中央政府区至东北，包括现已着手规画之中山陵园，拟再迤东，造成面积广袤之森林。各区详细布置，略如下述。

中央政府区

中央政府区，或即称国府区，位于明故宫遗址。地段既极适合，而其间残迹殆尽，尤便于从新设施。按南京形势，东北屏钟山，西北依大江，受此两方之限制，将来都市发展，必向东南方之高原。则故宫一隅，适居于中点，故定为中枢区域，又其要因也。规画此区，首在拆卸东南两面之城垣，铲平其高地，而填没城内外之濠渠，以便铺设道路。自太平门向正南画南北向之轴线，作一大经道，改直现在午朝门偏向西南之中道。自今西华门之地点，向东画东西大纬道，即中山大道之一部分，惟须改正方向，分此区成南北两部。北部依建国大纲之所规定，作国民大会之址，为国民行使四权集议之地，乃全国政权之所寄也。国民大会之前，立庄严巨大的总理造像，再前辟为极大之广场，以备国家举行隆重典礼时，民众集会之用。场之东设国民美术院，其西设中央图书馆。国民大会之后，设先贤祠及历史博物馆。凡此皆可以发扬光大中华民族之文化，实国族命脉之所系也。全部之布置，成一公园，北依玄武湖，东枕富贵山，而接于中山陵园，西连于南京市，此为大纬道北部之计画。纬道南部之广袤较北部为大，为中央政府之址。依建国大纲所规定，为中央政府执行五权宪法集中之地，乃全国治权之所出也。全部形作长方道路布设成经纬。正中设行政院，位于大经道之中，北望国民大会，南瞩建国纪念塔。其左为立法院及检察院，其右为司法院及考试院。东南、东北、西南、西北之隅，则置行政院之各部。将来须增设之部及其他政府附属机关，皆环此而置之。国府区之西南连接南京旧市区，其东南则拟辟成首都最新之田园市。此国府区布置之大要也。

京市区

南京之现状，以下关为门户。城内则有城南城北之通称，其间纵贯南北及横贯东西之干道，虽各有二，然皆蜿蜒曲折，全乏统系。而行政机关，则散布四方，略无连络。今欲改造南京市，急宜画立市政府行政中枢，以一统摄，而壮观睹。兹拟就南北适中之处，画地一方，收买其民地，以作市政府之址，为全市行政总机关，号之曰市心。自此以北，地广人稀，当就其地画设宽阔整齐之街衢，成南京之新市区。现在之宁省铁路，则宜取消之，盖按市政经济原理，凡铁路在城中经过之附近，必成一种贫贱污秽之区。将来铁路终点，宜总集于一中央车站，此路势在淘汰之列。其路线所经过地段，乃可发展为高贵之市区。城北迤西一带，山岗之间，当布置山道，作居宅之区域。下关一隅，现仍其为交通枢纽，但其街衢，皆须放阔，从新设施。沪宁铁路终点，现可仍其旧，将来宜延长，使经过沿江之未来工业区，以达于汉西门内，于此地设中央总站，实为最适中之点。车站分南北两部，将来由湘粤浙赣自南而来之铁路，皆止于车站之南部；其自沪自北及自西而来之路线，皆须经浦口，或架桥，或穿隧道江底（《建国方略》中已有此提议），以直达于中央总站之北。自中央总站向东辟横贯全城中心之东西大道，连续国府区之大纬道，直通公园区之钟汤路。若此则中央车站之所在，诚全城市交通至便之机纽矣。自市府以南，现所谓城南一带，其间屋宇栉比，势必逐渐改造。先就原有连贯继续之孔道放宽改直，惟因于全市交通，及预备发展东南方最新市区计画上之需要，宜即划一斜出东南之大道，经市心而连接向西北至下关斜上之路，完成一斜贯全城之大道。得此然后南京市之交通系统以立，而市区乃有发展之期望。故此路之开辟，乃市心之划定，实改造南京市计画上根本最要之图也！秦淮河为城内惟一水道，而秽浊不堪，宜将两岸房屋拆收，铺植草木成浜河之空地，以供闹市居民游息之所。至其桥梁，则须改建而以美观为目的。通济洪武门外，预定为最新建设之市区，其间道路自可布置整齐、建筑壮丽。依最新之市政原则，期成南京市清旷之田园市。至汉西门、水西门外沿江至下关一带，已拟定之工业区亦当设计而布置之（按《建国方略》中已主张取消下关而发展来子洲为工业区）。交通之系统既定，则依市政上经济原则，分道路为数级，曰道、曰路、曰街、曰巷等等，各依其位置重要及应用之性质而定其广狭。凡重要道路之交叉点，皆画为纪念建筑地，作圆形或他种形势之空场，置立华表碑像之属，以为都市之点缀，而作道里之标识。通衢大道之上，皆按最适当方法，铺设电车轨线。城内四隅，尤须留出空地多处，以备布设市内公园之用。城内不宜驻兵，兵营军校，皆移设江浜幕府山一带。现在西华门之电灯厂及城南之制造局，则须移置于城西工业区。

国家公园

国家公园，包括现规画中之中山陵园，拟再圈入玄武湖一带，并迤西更植广袤之深林，作京城东面之屏藩。中山陵园之设计，大致以中山陵墓为中心，包括钟山之全部，南部则废止钟汤路，其中就天然之形势，经营布置，以成规模宏大之森林野园。其间附设模范村，为改进农民生活之楷模。有植物及天文台学术机关，为国家文化事业附设于此者。此外则拟有烈士墓之规定，及纪念总理之丰碑。其余明陵及灵谷寺等名胜遗迹，则皆保存而整理之。按此为总理陵墓之所在，使民众日常参谒游观于其地，感念遗教之长存，以不忘奋发砥砺而努力吾人之天职，得不愧为兴国之国民。则其设计宜有深刻之意义，又岂徒以资吾人游息享乐而已哉。

建筑之格式

民治国家之真精神，在集个人之努力，求供大多数之享受。故公众之建设，务宜宏伟而壮丽；私人之起居，宜尚简约。而整饬首都之建设，于市区路线布置既定以后，则当从事于公众建筑之设计，及民间建筑之指导。夫建筑者，美术之表现于宫室者也，在欧西以建筑为诸艺术之母，以其为人类宣达审美意趣之最大作品，而包涵其他一切艺术于其中。一代有一代之形式，一国有一国之体制；中国之建筑式，亦世界中建筑式之一也。凡建筑式之形成，必根据于其构造之原则。中国宫室之构造制度，仅具一种之原理，其变化则属于比例及装饰。然因于其体式之单纯，布置之均整，常具一种庄严之气韵，在世界建筑中占一特殊之地位。西人之观光北平宫殿者，常叹为奇伟之至，盖有以也。故中国之建筑式，为重要之国粹，有保存发展之必要。惟中国文化，向不以建筑为重，仅列公事之一门，非士夫所屑研探。彼宫殿之辉煌，不过帝主表示尊严，恣其优游之用，且靡费国帑而森严谨密，徒使一人之享受，宜为民众所漠视。至于寺宇之建筑，则常因自然环境之优美，往往极其庄严玄妙之现象，但考其建筑之原理，则与宫殿之体制，略无殊异。今者国体更新，治理异于昔时，其应用之公共建筑，为吾民建设精神之主要的表示，必当采取中国特有之建筑式，加以详密之研究，以艺术思想设图案，用科学原理行构造，然后中国之建筑，乃可作进步之发展。而在国府区域以内，尤须注意于建筑上之和谐纯一，及其纪念的性质、形式与精神，相辅而为用；形式为精神之表现，而精神亦由形式而振生；有发扬蹈厉之精神，必须有雄伟庄严之形式；有灿烂绮丽之形式，而后有尚武进取之精神。故国府建筑之图案，实民国建设上关系至大之一端，亦吾人对于世界文化上所应有之贡献也。

建设实施之步骤

厘定以上所拟之草案，虽出于理想者为多，而于实情未尝无相当之观詧。夫首都之建设，必须有根本改革之基本计画，至今日而益彰矣。首都为全国政治之中心，在在足以代表吾族之文化，觇验吾民族之能力，其建设实为全国民众之事业，为全国民众之责任。工程虽极浩大，要非一地方之问题，是宜由国家经营。关于计画之实施，应由中央厘定完整之方案，以便逐次进行。此则属于行政院范围之事，非此草案所得而及。但对于进行之程序，与夫事之轻重先后，其大较有可言者。首都市计画之根本在道路，则筹设道路自为先务。然在旧市中辟画新路线，困难至多，盖无在而不发生居民反抗之阻力。但此种反抗，自在人烟稠密、建筑栉比之区域。今宜先就城北荒僻之处，力行经营，设法导诱首都新增人口，以展发新市区。同时并将东南方之林园市，积极擘画，则城内旧市之商务，受东南西北之吸收，不难使其日就衰颓。及其已呈残败之象，再进而改造之，以容纳首都有加无已之人口，而一改其旧现。斯时全城之形势，乃可呈现其整齐壮丽之象，南京市之计画，于是全部完成。而绚烂璀璨之首善国都，于此实现矣。

（根据黄建德先生收藏原稿校订）

附1 《建设首都市区计画大纲草案》（汇校本）① （图5-1、图5-2）

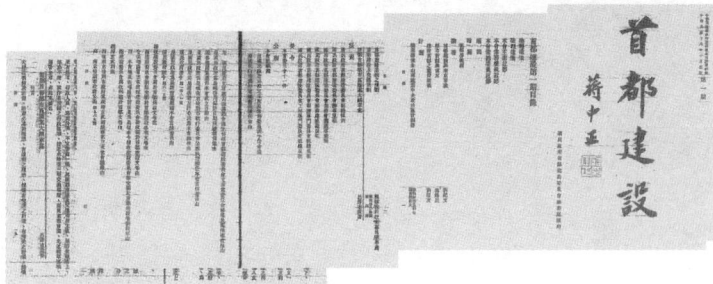

图5-1 首都建设委员会编，《首都建设》第一期书影1

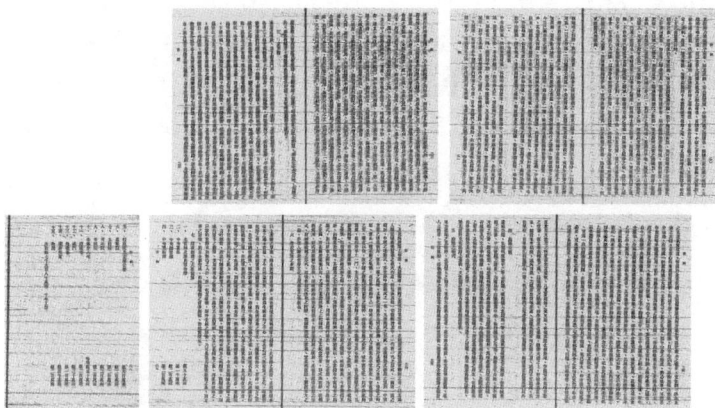

图5-2 首都建设委员会编，《首都建设》第一期书影2

汇校凡例：

1.原首都建设委员会秘书处于1929年10月编印《首都建设》第一期中所刊载吕彦直遗作《规画首都都市区图案大纲草案》，其作者手稿标题为《建设首都市区计画大纲草案》（由黄建德先生收

---

① 此文原载于原首都建设委员会秘书处1929年10月编印的《首都建设》，标题为《规划首都都市区图案大纲草案》，现据吕彦直先生手迹整理校订。手稿收藏者为黄建德先生。

藏),行文也与《首都建筑》所刊颇多差异。现将此二种文本汇校一体,以供研究者参考。

2.简称吕彦直手稿为"原稿",1929年《首都建设》所刊为"印行本";本汇校本以"原稿"为底本。

3.所增删改动之处,将"原稿"文字排仿宋体,"印行本"文字排仿宋体置于"【 】"内。

汇校者　殷力欣

识于 2015 年 12 月

汇校说明:

1929年《首都建设》第一期所刊吕彦直先生遗作《规画首都都市区图案大纲草案》(以下简称"印行本")一文^①,一向被认为是代表其学术见解的世存不多的重要文献。2008年秋,就在笔者编撰《中山纪念建筑》临近杀青之际,意外从黄建德先生处有幸一睹这份文献的原稿,标题为《建设首都市区计画大纲草案》(以下简称"原稿")。当时由于时间仓促和笔者自己的疏忽,匆匆将该文本与"印行本"所载相对照,以为除行文中原稿所用"国家公园"一律改作"党国公园"外,其他无涉及思想实质的改动,遂简单誊抄,收录于2009年春季印行《中山纪念建筑》之附录中(同时收录有吕彦直《致夏光宇函》、黄檀甫《代表吕彦直在中山陵奠基典礼上的致辞》两份手稿)。当时所做的说明是:"⋯⋯此份手稿与《首都建设》所刊略有不同:1.总标题:手稿题为《建设首都市区计画大纲草案》;2.章节标题及序号:手稿"引言"部分无标题及序号;3.措辞:已刊文稿中的"党国"一词在手稿中均为"国家","先哲祠"在手稿中为"先

---

① 原文所用"計畫"一词,似乎并不好直接对等于简化字之"计划",暂且使用"计画"一词。——编著者注。

贤祠"等；4. 手稿中无"七、建设经费之大略预算"一项……"①

此书出版后，我得空将这份"原稿"与"印行本"作逐字逐句的汇校，发现二者的差异远非我先前认为的"略有不同"，有些修改之处甚至是与作者的初衷相龃龉的。

其一，"印行本"除标题改动、加分章序号、用词上以"党国"替换"国家"外，修改后的篇幅比原稿多出近1/5："原稿"4 186字（含标点），而"印行本"则为5 136字（含标点），衍950字。

其二，"印行本"明显与"原稿"意见不同者有二处。

1. "引言"部分。

"原稿"："城西自下关以南，沿江辟为工业区，铁道、船坞皆使汇集于是。"

"印行本"："中央政府区以东，拟辟为教育区或大学区，及高尚之住宅区。按现在中央大学所在，适位于政治区域之中心，吾国学风，每易受政治影响，必待改进，则徙之于清旷优美之环境，实为至宜。"

2. "原稿"中之"京市区"部分："至汉西门、水西门外沿江至下关一带，已拟定之工业区亦当设计而布置之（按《建国方略》中已主张，取消下关而发展来子洲为工业区）。"

"印行本"："首都或其附近，是否宜设工业区，实为一政治经济的问题，在图案中不易决定。惟南京特别市范围，现已扩大，如有设工业区之必要，可去城市较远之处，或隔江而划定之。盖在思想上宜使首都为纯全之政治及文化中心也。"

其三，改动篇幅最大者有三处。

1. "印行本"之"一、中央政府区"部分。

① 建筑文化考察组. 中山纪念建筑 [M]. 天津：天津大学出版社，2009：346.

"原稿"："正中设行政院，位于大经道之中，北望国民大会，南瞩建国纪念塔。其左为立法院及检察院，其右为司法院及考试院。东南、东北、西南、西北之隅，则置行政院之各部。将来须增设之部及其他政府附属机关，皆环此而置之。国府区之西南连接南京旧市区，其东南则拟辟成首都最新之田园市。"

"印行本"："其正中之经路及纬路之二宽广，较其他各路特大，略成双十字形。于经路之北端，遥望国民大会，建立中央政府（今国民政府）。与中央政府相连，左方置主席公署、右方置行政院。第一大纬道之两端，左为立法院，右为司法院，相对而立。其经纬路交叉点，扩为园林，建立纪念碑。第二大纬道较短，其两端为考试监察两院，以虚线将五院相联署，则略成五角形，以象五权鼎立之制度。其余经纬路成方井，地址则置行政院之各部各委员会及其他之公署。此国府区布置之大要。国府之各经路，向南延续成半圆形，而相联络。在此圆形之中心，辟极大之广场，中建民生塔，或曰建国纪念塔。此为全图案之焦点，欲表征国民革命建国之目的，彼取此抽象的纪念建筑，此外无他适宜之道也。而于形势上，此处适当全城之中心，用以联系都市各部分而统一于此，于实用可甚宜也。自民生塔之园场，象征青天白日之十二道光芒射出重路十二，连接都中之各要道，正中北向为国府，南向则为国门，其外设置航空苑，为首都将来航空交通之终点。东向设革命纪念馆，西向设露天会集场，其余各路之尽处，均设相当之纪念建筑。环民生塔为公园，公园之外，则为林园市，为都内最高贵住宅区，其管理则属于市政府。"

2."印行本"之"二、京市区"部分。

"原稿"无此段文字："自今丁家桥中央党部迤东，在现所拟筑之子午路线之中，建立中央党部之纪念，建筑巨厦。考中央党部，今为直接继承孙总理国民革命事业之团体，将来革命党完成，宪政实现，政权交还民众之时之中央党部，勿论存在与否，其事业要必遗留为历史上一大伟绩，其地位仅次于总理之自身，所以纪念之者，亦必有相当之伟大建筑，而此建筑之地位，统观全城之形势，实以此地为最宜。盖此一隅在革命之历史上，当为国民党工作活动最多之地，而在全部图案上，其与民生塔之联系之形势，适与总理陵墓与民生塔之关系相仿。陵墓位于左，党部纪念位于右，纪念民国创业承基自然之顺序也。"

3. "原稿"无"七、建设经费之大略预算"一章，约 200 字。

按吕彦直曾于 1928 年 6 月 5 日致函身兼"孙总理葬事筹委会"与"首都建设委员会"二职的官员夏光宇①，此为该函之附件。当时夏光宇力邀吕彦直加入"首都建设委员会"，但他不肯做挂名顾问，在信函中一面婉拒任职邀请，一面概述对南京建设的意见，一面竟以附件形式呈送了这份私拟的"规划大纲"。

其时吕彦直先生已经重病缠身（癌症晚期），距其病逝仅九个月，而南京中山陵和广州中山纪念堂两工程正值关键，他还在抱病完善设计和工程监理，似乎没有时间对这份"私拟大纲"再事大改。而仔细较这两种文本的措辞风格，也不难从增添文字中看到其与吕彦直惯常文风的明显差异。不排除这些改动有夏光宇等事先征得原作者同意的可能性，但毕竟"原稿"更能代表吕彦直自己的思想，而"印行本"则具有了相当多的当时"首都建设委员会"的官方意见，尤

---

① 夏光宇，上海青浦人，早年入北京大学攻读建筑学，毕业后曾任交通部技正、路政司科长、广三铁路管理局局长等。1927 年 4 月 27 日，葬事筹委会第四十五次会议决议："聘请夏光宇君为筹备处主任干事。"南京市档案馆，中山陵园管理处.中山陵档案史料选编[M]. 南京：江苏古籍出版社，1986：102.

其是所增"七、建设经费之大略预算"一项，对预计的建设项目竟有了具体的费用预算，似乎也不太可能是个人行为。

客观比较两种文本，"印行本"中也不无精辟见解。如在南京是否设工业区的问题上，吕彦直执行的是孙中山《建国大纲》的思路，而"印行本"则指出"在思想上宜使首都为纯全之政治及文化中心"，至今值得我们借鉴。

不过，在更为根本的规划立意上，"印行本"的修改文字所强调的是突出作为执政党的国民党的"党国"贡献，而吕彦直"原稿"的根本思想则纯然服务于其心目中高于党派之上的"国家"。对照印行本改"国家"为"党国"的措辞以及增建"中央党部之建筑巨厦""象征青天白日之十二道光芒射出重路十二"等设想，不难看出："首都建设委员会"印行本的修改文字，虽也指出将来还政于民时，未必保留国民党，但在时下仍极力突出其"为历史上一大伟绩"，是服务于"军政""训政"所需的现实功利的；吕彦直先生则在追求更为高远的宪政理想和民族文化复兴理想。由此，尽管"印行本"所修改的道路规划远比吕彦直"原稿"所见要庞大、复杂，美术意义上也许更趋于完美，但吕彦直"原稿"的规划却更为适度，也更为惠民。

无党派的吕彦直先生对孙中山救国、治国理念的理解，实际上是远高于这个"首都建设委员会"的。

由此再比较一下当初南京中山陵与广州中山纪念堂两建筑设计竞赛的前三名：吕彦直、范文照和杨锡宗。从后二者日后的设计成就看，其才华、学养也是相当高的，很难说其较吕彦直先生略逊一筹。吕彦直先生之所以能两次在难分伯仲的同侪中脱颖而出，或许正得益于其对中山先生治国理念与中华文化底蕴的深层次理解吧！

借此次印行《吕彦直集传》，笔者得以纠正当年编撰《中山纪念建筑》时的疏漏，特在此向广大读者致歉！

以下为笔者对"原稿"与"印行本"这两种文本的汇校，相信读者会有比笔者更多的收获。

汇校者　殷力欣　又及

于 2015 年 12 月

《建设首都市区计画大纲草案》【《规画首都都市区图案大纲草案》】

【一、引言】

夫建设根据于计画，计画必基于理想；有邃密之理想，然后有完美之计画；有完美之计画，然后其设施乃能适应乎需要，而其成绩始具真价值。中华民国之建国也，根据三民主义之理想，及建国方略之计画，而以世界大同为其最高之概念者也。首都者，中枢之所寄寓，国脉之所渊源，树全国之模范，供世界之瞻仰。其建设计画之基本理想，当本于三民主义之精义，及建国大纲所定之规制，造成一适用美观、宏伟庄严的中央政府运用权能之地，同时尤须以增进发展都市社会之文化生活为目的。

都市计画，有理想的及实际的，两方面须兼顾并察。就乎地而起新都，则可尽理想中至完尽美之计画以从事，如北美之华盛顿是；就旧都而建新市，则必须斟酌的实际情况，因势制宜，以逐步更张，如法国之巴黎是。若南京者，虽为吾国历代之故都，但其所被兵燹之祸独烈，所留之遗迹最缺，其有保存之价值者盖尠，全城三分之二，实可目之为邱墟、等诸于平地。故就今日南京状况观之，可谓其兼有法、美二京初设时之情势，则规画之事、理想与实际当兼并而出之，以臻于至善。巴黎之改造也，拿破仑第三以帝主之威力【权威】，采用浩士曼之计画①，积极施行，更奖励民间之建筑，不数年而巴黎成为世界最美观之都城。华盛顿京城之擘画，成于独立战争之后，出于法人朗仿②之手，但其后未能完全根据当日之计画，至今二百余年后，乃知其失策。现已由国会派定艺术专会，从事纠正其舛误，以求符合于朗仿之计画。由是以观，建设都市有先定基本计画而后完全依据以施行之必要。吾国首都建设伊始，宜作详审之研究，以定精密之计画，既当师法欧美，而更须鉴其覆辙焉。

就地理之形势、政治之需要及社会之情状而观之，南京之都市，宜划为三大部分：一曰中央政府区，二曰京市区，三曰国家公园区【党国公园区】。中央政府区，宜就明故宫遗址布设之，依照本计画之所拟，将来南京都市全部造成之时，此处适居于中正之地位。京市区先就城中南北两部改造之，而东南两面，则拆除其城垣，以扩成为最新之市区。夫城垣为封建时代之遗物，限制都市之发展，在今日已无存在之价值。惟南京之城垣，为古迹之一种，除东南方面阻碍新计画之发展，必须拆却外，其北面及西面，可利用之以隔绝城外铁道及工业区之尘嚣，并留为历史上之遗迹。城西自下关以南，沿江辟为工业区，铁道、船坞皆使汇集于是【中央政府区以东，拟辟为教育区或大学区，及高尚之住宅区。按现在中央大学所在，适位于政治区域之中心，吾国学风，每易受政治影响，必待改进，则徙之于清旷优美之环境，实为至宜】。国家公园区自

---

① 浩士曼计画，今通译"奥斯曼巴黎改造计划"。奥斯曼（George Eugène Haussmann，1809~1891），法兰西第二帝国时期曾任巴黎市长，任内对巴黎市区作有计划的改造。——整理者注。

② 朗仿，法国建筑师、规划师，今通译"朗方"。——整理者注。

中央政府区至东北，包括现已着手规画之中山陵园【党国公园区，即中山陵园】，拟再迤东，造成面积广袤之森林。各区详细布置、略如下述。

中央政府区【二、中央政府区】

中央政府区，或即称国府区，位于明故宫遗址。地段既极适合，而其间残迹殆尽，尤便于从新设施。按南京形势，东北屏钟山，西北依大江，受此两方之限制，将来都市发展，必向东南方之高原。则故宫一隅，适居于中点，故定为中枢区域，又其要因也。规画此区，首在拆卸东南两面之城垣，铲平其高地，而填没城内外之濠渠，以便铺设道路。自太平门向正南画南北向之轴线，作一大经道，改直现在午朝门偏向西南之中道。自今西华门之地点，向东画东西大纬道，即中山大道之一部分，惟须改正方向，分此区成南北两部。北部依建国大纲之所规定，作国民大会之址，为国民行使四权集议之地，乃全国政权之所寄也。国民大会之前，立庄严巨大的总理造像，再前辟为极大之广场，以备国家举行隆重典礼时，民众集会之用。场之东设国民美术院，其西设中央图书馆。国民大会之后，设先贤祠【先哲祠】及历史博物馆。凡此皆可以发扬光大中华民族之文化，实国族命脉之所系也。全部之布置，成一公园，北依玄武湖，东枕富贵山，而接于中山陵园，西连于南京市，此为大纬道北部之计画。纬道南部之广袤较北部为大，为中央政府之址。依建国大纲所规定，为中央政府执行五权宪法集中之地，乃全国治权之所出也。全部形作长方道路布设成经纬。正中设行政院，位于大经道之中，北望国民大会，南瞩建国纪念塔。其左为立法院及检察院，其右为司法院及考试院。东南、东北、西南、西北之隅，则置行政院之各部。将来须增设之部及其他政府附属机关，皆环此而置之。国府区之西南连接南京旧市区，其东南则拟辟成首都最新之田园市。此国府区布置之大要也。【其正中之经路及纬路之二宽广，较其他各路特大，略成双十字形。于经路之北端，遥望国民大会，建立中央政府（今国民政府）。与中央政府相连，左方置主席公署、右方置行政院。第一大纬道之两端，左为立法院，右为司法院，相对而立。其经纬路交叉点，扩为园林，建立纪念碑。第二大纬道较短，其两端为考试监察两院，以虚线将五院相联署，则略成五角形，以象五权鼎立之制度。其余经纬路成方井，地址则置行政院之各部各委员会及其他之公署。此国府区布置之大要。国府之各经路，向南延续成半圆形，而相联络。在此圆形之中心，辟极大之广场，中建民生塔，或曰建国纪念塔。此为全图案之焦点，盖欲表徵国民革命建国之目的，必取此抽象的纪念建筑，此外无他适宜之道也。而于形势上，此处适当全城之重心，用以联系都市各部分而统一于此，于实用可甚宜也。自民生塔之园场，象徵青天白日之十二道光芒射出重路十二，连接都中之各要道，正中北向为国府，南向则为国门，其外设置航空苑，为首都将来航空交通之终点。东向设革命纪念馆，西向设露天会集场，其余各路之尽处，均设相当之纪念建筑。环民生塔为公园，公园之外，则为林园市，为都内最高贵住宅区，其管理则属于市政府。】

京市区【三、京市区】

南京之现状，以下关为门户。城内则有城南城北之通称，其间纵贯南北及横贯东西之干道，虽各有二，然皆蜿蜒曲折，全乏统系。而行政机关，则散布四方，略无连络。今欲改造南京市【全市】，急宜画立市政府行政中枢，以一统摄，而壮观瞻。兹拟就南北【城中】

适中之处，画地一方，收买其民地，以作市政府之址，为全市行政总机关，号之曰市心。自此以北，地广人稀，当就其地画设宽阔整齐之街衢，成南京之新市区。现在之宁省铁路，则宜【直】取消之，盖按市政经济原理，凡铁路在城中经过之附近，必成一种贫贱污秽之区。将来铁路终点，宜总集于一中央车站，此路势在淘汰之列。其路线所经过地段，乃可发展为高贵之市区。城北迤西一带，山岗之间，当布置山道，作【会】居宅之区域。下关一隅，现仍其为交通枢纽，但其街衢，皆须放阔，从新设施。沪宁铁路终点，现可仍其旧，将来宜延长，【须延长使】经过沿江之未来工业区，以达于汉西门内，于此地设中央总站，实为最适中之点。车站分南北两部，将来由湘粤浙赣自南而来之铁路，皆止于车站之南部；其自沪自北及自西而来之路线，皆须经浦口，或架桥，或穿隧道江底（《建国方略》中已有此提议），以直达于中央总站之北。自中央总站向东辟横贯全城中心之东西大道，连续国府区之大纬道，直通公园区之钟汤路。若此则中央车站之所在，诚全城市交通至便之机纽矣。自市府以南，现所谓城南一带【印行本删此句】，其间屋宇栉比，势必逐渐改造。先就原有连贯继续之孔道放宽改直，惟因于全市交通，及预备发展东南方最新市区计画上之需要，宜即划一斜出东南之大道，经市心而连接向西北至下关斜上之路，完成一斜贯全城之大道【自市中心向东南至复成桥，与民生塔十二路纵横相连，自市中心以北，则按照现在修筑之中山路，而完成一斜贯全城之大道（其旧有至下关之孔道，因中山路之筑成，势必就废，可利用作敷设电车铁道之用，使中山路得保留为清洁之康庄大道）】。得此然后南京市之交通系统以立，而市区乃有发展之期望。故此路之开辟，乃市心之划定，实改造南京市计画上根本最要之图也！【自今丁家桥中央党部迤东，在现所拟筑之子午路线之中，建立中央党部之纪念，建筑巨厦。考中央党部,今为直接继承孙总理国民革命事业之团体,将来革命党完成,宪政实现,政权交还民众之时之中央党部,勿论存在与否,其事业要必遗留为历史上一大伟绩,其地位仅次于总理之自身,所以纪念之者,亦必有相当之伟大建筑,而此建筑之地位,统观全城之形势,实以此地为最宜。盖此一隅在革命之历史上,当为国民党工作活动最多之地,而在全部图案上,其与民生塔之联系之形势,适与总理陵墓与民生塔之关系相仿。陵墓位于左,党部纪念位于右,纪念民国创业承基自然之顺序也】秦淮河为城内惟一水道,而秽浊不堪,宜将两岸房屋拆收,铺植草木成浜河之空地,以供闹市居民游息之所。至其桥梁,则须改建而以美观为目的。通济洪武门外,预定为最新建设之市区,其间道路自可布置整齐、建筑壮丽。依最新之市政原则,期成南京市清旷之田园市。至汉西门、水西门外沿江至下关一带,已拟定之工业区亦当设计而布置之(按《建国方略》中已主张取消下关而发展来子洲为工业区)【首都或其附近,是否宜设工业区,实为一政治经济的问题,在图案中不易决定。惟南京特别市范围,现已扩大,如有设工业区之必要,可去城市较远之处,或隔江而划定之。盖在思想上宜使首都为纯全之政治及文化中心也】。交通之系统既定,则依市政上经济原则,分道路为数级,曰道、曰路、曰街、曰巷等等,各依其位置重要及应用之性质而定其广狭。凡重要道路之交叉点,皆画为纪念建筑地,作圆形或他种形势之空场,置立华表碑像之属,以为都市之点缀,而作道里之标识。通衢大道之上,皆按最适当方法,铺设电车轨线。城内四隅,尤须留出空地多处,以备布设市内公园之用。城内不宜驻兵,兵营军校,皆移设江浜幕府山一带。现在西华门之电灯厂及城南之制造局,则须移置于城西工业区【汉西门外】。

国家公园【四、党国公园】

国家公园【党国公园】，包括现规画中之中山陵园，拟再圈入玄武湖一带，并迤西更植广袤之深林，作京城东面之屏藩。中山陵园之设计，大致以中山陵墓为中心，包括钟山之全部，南部则废止钟汤路【则废止中山路】，其中就天然之形势，经营布置，以成规模宏大之森林野园。其间附设模范村，为改进农民生活之楷模。有植物及天文台学术机关，为国家文化事业附设于此者。此外则拟有烈士墓之规定，及纪念总理之丰碑。其余明陵及灵谷寺等名胜遗迹，则皆保存而整理之。按此为总理陵墓之所在，使民众日常参谒游观于其地，感念遗教之长存，以不忘奋发砥砺而努力吾人之天职，得不愧为兴国之国民。则其设计宜有深刻之意义，又岂徒以资吾人游息享乐而已哉。

建筑之格式【五、建筑之格式】

民治国家之真精神，在集个人之努力，求供大多数之享受。故公众之建设，务宜宏伟而壮丽；私人之起居，宜尚简约。而整饬首都之建设，于市区路线布置既定以后，则当从事于公众建筑之设计，及民间建筑之指导。夫建筑者，美术之表现于宫室者也，在欧西以建筑为诸艺术之母，以其为人类宣达审美意趣之最大作品，而包涵其他一切艺术于其中。一代有一代之形式，一国有一国之体制；中国之建筑式，亦世界中建筑式之一也。凡建筑式之形成，必根据于其构造之原则。中国宫室之构造制度，仅具一种之原理，其变化则属于比例及装饰。然因于其体式之单纯，布置之均整，常具一种庄严之气韵，在世界建筑中占一特殊之地位。西人之观光北平宫殿者，常叹为奇伟之至，盖有以也。故中国之建筑式为重要之国粹，有保存发展之必要。惟中国文化，向不以建筑为重，仅列公事之一门，非士夫所屑研探【士大夫不屑研究】。

彼宫殿之辉皇，不过帝主表示尊严，恣其优游之用，且靡费国帑而森严谨密，徒使一人之享受，宜为民众所漠视。至于寺宇之建筑，则常因自然环境之优美，往往极其庄严玄妙之现象【观】，但考其建筑之原理，则与宫殿之体制，略无殊异。今者国体更新，治理异于昔时，其应用之公共建筑，为吾民建设精神之主要的表示，必当采取中国特有之建筑式，加以详密之研究，以艺术思想设图案，用科学原理行构造，然后中国之建筑，乃可作进步之发展。而在国府区域以内，尤须注意于建筑上之和谐纯一，及其纪念的性质、形式与精神，相辅而为用；形式为精神之表现，而精神亦由形式而振生；有发扬蹈厉之精神，必须有雄伟庄严之形式；有灿烂绮丽之形式，而后有尚武进取之精神。故国府建筑之图案，实民国建设上关系至大之一端，亦吾人对于世界文化上所应有之供献也。

建设实施之步骤【六、建设实施之步骤】

厘定【印行本删此二字】以上所拟之草案，虽出于理想者为多，而于实情未尝无相当之观督。夫首都之建设，必须有根本改革之基本计画，至今日而益彰矣。首都为全国政治之中心，在在足以代表吾族之文化，觇验吾民族之能力，其建设实为全国民众之事业，为全国民众之责任。工程虽极浩大，要非一地方之问题，是宜由国家经营。关于计画之实施，应由中央厘定完整之方案，以便逐次进行。此则属于行政院范围之事，非此草案所得而及。但对于进行之程序，与人事之轻重先后，其大较有可言者。首都市计画之根本在道路，则筹设道路自为先务。然在旧市中辟画新路线，困难至多，盖无在而不发生居民反抗之阻力。但此种反抗，自在人烟稠密、建筑栉比之区域。今宜先就城北荒僻之处，力行经营，设法导诱首都新增人口，以展发新市区。同时并将东南方之林园市，积极擘画，则城内旧市之商务,受东南西北之吸收,不难使其日就衰颓。及其已呈残败之象,再进而改造之,以容纳首都有加无已之人口,而一改其旧现。斯时全城之形势,乃可呈现其整齐壮丽之象,南京市之计画,于是全部完成。而绚烂璀璨之首善国都,于此实现矣。

【七、建设经费之大略预算

一、先哲祠及历史博物馆　银五十万两

二、中央党部　银一千万两

三、中央图书馆　银二百万两

四、中央美术馆　银二百万两

五、行政院及主席公署　银八百万两

六、监察院　银二百万两

七、立法院　银二百万两

八、司法院　银二百万两

九、考试院　银二百万两

十、各部分八宅　每宅银五十万两

十一、建国塔　银二百万两

十二、国门　银三十万两

十三、飞机场　银一百万两

十四、道路布置　银四千万两

十五、阴沟　银二百万两

共计银七千九百八十万两　十年工作】

（汇校者：殷力欣）

附 2　黄檀甫《代表吕彦直建筑师在中山陵奠基典礼上的致辞》[①]（图 6-1、图 6-2）

今日为中山先生陵墓祭堂行奠基礼之期，鄙人同事者吕彦直建筑师因身体惟【违】和，不能亲来，殊甚可惜。故鄙人此来系代表吕君参与盛典，实深荣幸之至。关于今日在中国时势上及历史上之重要，自有今日执政诸公可以说明，不待不佞辞费。惟不佞今日仍来与诸君一相晤谈者，鄙人代表吕彦直同事欲以藉此机会，申达感谢哲生先生[②]及葬事委员诸公膺选吕君图案之盛意，并表示两种感想，及因此而又发生两种之希望。

夫陵墓之建造，首在保存遗体，次则所以纪念死者。自来历史上对于丧葬，其欲留存永久之遗迹者，盖无不尽其力之所至。在西方，如埃及之金字塔（GE.PYRAMID）、罗马帝王之陵寝（B.C.28，Mavsoleom Angustas）、各国帝王名人之墓。在东方，如印度最珍贵之建筑曰塔知马哈尔者[③]（Taj.MAHAL AD.1630）；我国今日所存之明孝陵，及北方明十三陵、清东陵等，皆在建筑上具最贵之价值。中华民国以来，拾五年中所失名人亦不少。其所以纪念亡者，亦各尽其宜。惟中山先生之逝世，则非惟民国损失新创造人，即在世界上亦失去一伟人。所以谋为纪念者，亦非惟国人所独具之忱，故应征制先生陵墓图案，其较佳之作，外人反占多数。

今陵墓已动工矣，预定明年此次可以竣工矣。不佞因此乃有第一感想。慨自民国十五年以来，日见争斗之事而无建设之象。中山

---

①　中山先生陵墓祭堂奠基礼于 1926 年 3 月 12 日在南京中山陵工地举行。

②　哲生先生，指孙中山之子孙科（1891—1973），时任国民党中央执行委员。

③　塔知马哈尔，今译泰姬陵。

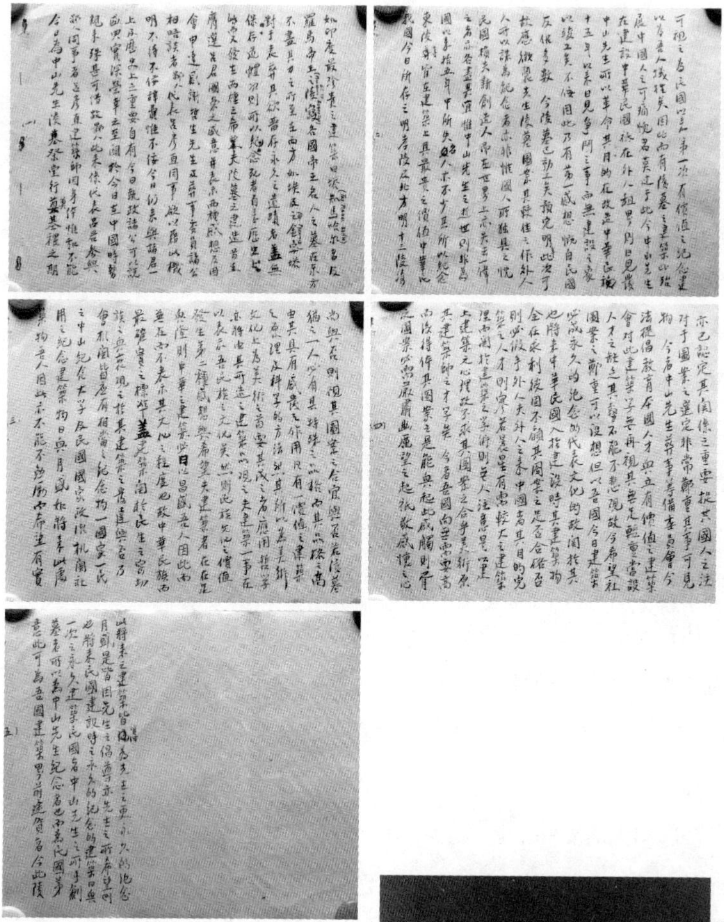

图6-1　黄檀甫代吕彦直中山陵奠基典礼发言手稿之一（黄建德提供）

图6-2　黄檀甫肖像

先生所以革命，其目的在改造中华民族，在建设中华民国。只在外人租界则日见发展，中国人之可痛愧者，莫过于此。今中山先生以【已】为吾人牺牲矣，因此而有陵墓之建筑，此殆可视之为民国以来第一次有价值之纪念建筑物，吾人因此亦不能不勉励，而希望有实用之纪念建筑物日兴月盛。如将来此处之中山纪念大学及民国国家政治机关、社会机关，皆应有相当之纪念物。一国家一民族之兴衰，观之于其建筑之发达与否，乃最确实之标准。盖建筑关于民生之密切，无在而不表示其文化之程度也。故中华民族而兴隆，则中华之建筑必日以昌盛。吾人因此而发生第二种感想与希望。夫建筑者，在在足以表示吾民族之文化矣。然则民族文化之价值，亦将由其所创造之建筑品观之。夫建筑一事，在文化上为美术之首要，其成之者，应用哲学之原理及科学的方法。然其所以为美术，由其具有感发之作用。凡有一价值之建筑，犹之一人必有其特殊之品格，而其品格之高尚与否，则视其图案之合宜与否。若陵墓之图案，必需严肃幽厉，望之起祗敬感怀之心而后得体。其图案之是能兴起此感触，则胥其建筑师之才学矣。

今者，吾国向无需要高上建筑之心理，故不求其图案之合乎美术原理，而关于建筑之学术则无人注意。是以建筑之人才，则寥若晨星，有需较大之建筑，则必假手外人。夫外人之来中国者，其目的完全在求利，彼固不顾其图案之足否、合格否也。将来中华民国入于建设时，其建筑物必成永久的、纪念的、代表文化的，故关于其图案之郑重，可以设想。但以吾国今日建筑人才之缺乏，其势不能不悲观，故今希望社会对此建筑学，无再视其无足轻重，当设法提倡教育本国人才，兴立有价值之建筑物。

今者，中山先生葬事筹备委员会今对于图案之选定，非常郑重其事。可见亦已认定其关系之重要，提共国人之注意，此可为吾国建筑界前途贺者。今此陵墓者，所以为中山先生纪念者也，而为民国第一次之永久建筑。民国者，中山先生之所手创也，将来民国建设时之永久的纪念的建筑日兴月盛，是皆因先生之倡导，亦先生之所希望。则此将来之建筑，皆得为先生之更永久的纪念。

（黄建德提供）

下 编

吕彦直建筑设计资料例选

中山陵（原称"总理陵园"）设计

中山陵：兴建之初，先后称为"孙中山先生陵墓""总理陵园"，后定名为"中山陵园"，习称"中山陵"。吕彦直于 1925 年设计并监理施工，其中第一、二部工程（陵墓、祭堂、平台、石阶、墓道和围墙等）于 1929 年 4 月竣工，第三部工程（牌坊、陵门、碑亭、碑石和卫士休息室等）于 1932 年 1 月竣工。此建筑群被誉为"中国固有式建筑"的开山之作。

本书所选资料限定为吕彦直所设计的中山陵主体建筑，不包括日后扩展项目，如光化亭、中山植物园、音乐台等。

（一）中山陵竞赛方案图（此部分图片选自《良友》1926 年"孙中山先生纪念特刊"）

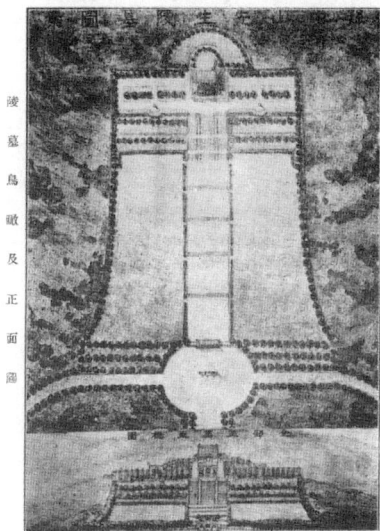

陵墓鸟瞰及正面图

Top and front view of the whole

孙中山先生陵墓图案——陵墓鸟瞰及全部正面立视图（吕彦直原稿）

祭堂平面剖视图

Cross-section top view of the altar

孙中山先生陵墓图案——祭堂平面剖视图（吕彦直原稿）

Bird's eye view of the whole (note the shape is of semblance to an alarum) tomb area.

墓地鳥瞰全圖　一景。本木形所以勵墓人也。

陵墓正面圖

Front view of the project.

側面透視圖（油畫）

Perspective view (oil painting)

祭堂側面立視圖

Side view of the sacrificing altar.

祭堂橫切視圖

Cross-section side view of the sacrificing altar.

祭堂縱切視圖

Cross-section front view of the sacrificing altar.

全部縱切視圖

Cross-section side view of the whole.

孙中山先生陵墓图案——陵墓及墓道模型图（彦记建筑事务所制作）

A panorama of Chung Shan, Nanking, the spot with arrow being the place where the tomb to be erected.

孙中山先生葬事筹备委员会指定的陵墓位置（图纸有箭头指示）

（二）中山陵设计、施工图纸选（此部分图片除单注明者，其余均由南京城建档案馆提供）

中山陵祭堂及墓室模型，吕彦直约 1925 年 7 月制作（黄建德提供）

FRONT ELEVATION

SCALE 8' – 1'-0"

正立面图

Bronze Ridge

Bronze Ornament

Bronze Finial Battery

Tin Flashing

Bronze Vent & Ornament
Under Separate Contract

Bronze Roof

Carved

Retaining Wall

设计详图初稿 1——祭堂正立面详图（彦记建筑事务所 1925 年 12 月 5 日绘图，南京市建筑设计院于 1989 年描图复制）

SIDE ELEVATION
SACLE $\frac{1}{8}$" 1' 0"

侧立面

设计详图初稿 2——陵墓侧立面结构图（鉴证建筑事务所 1925 年 12 月 5 日绘图，南京市建筑设计院于 1989 年描图复制）

TYPICAL SECTION
SCALE ¾"=1'-0"

REAR ELEVATION
SCALE ⅛"=1'-0"

背立面及外围墙面

设计详图初稿 3——墓室背立面及标准断面图（彦记建筑事务所 1925 年 12 月 5 日绘图，南京市建筑设计院于 1989 年描图复制）

设计效果水彩稿定稿（吕彦直约 1927 年 8 月绘）

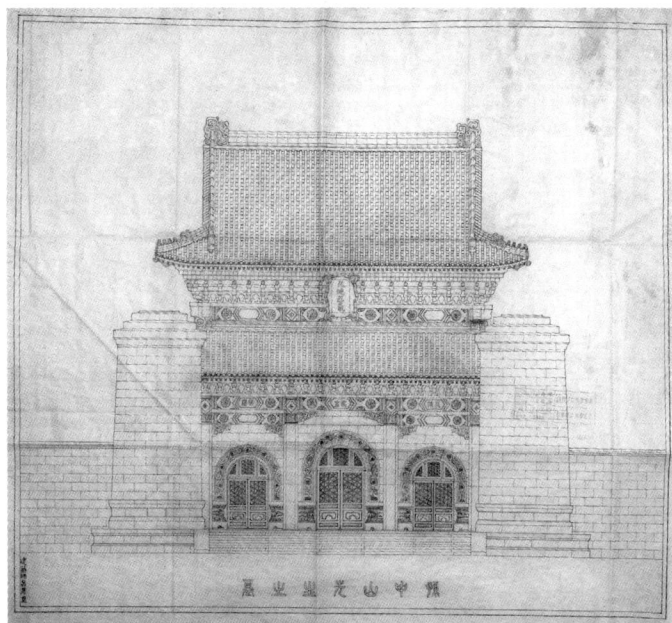

设计图定稿 1——祭堂正立面（原图）（吕彦直约 1927 年 8 月绘图）

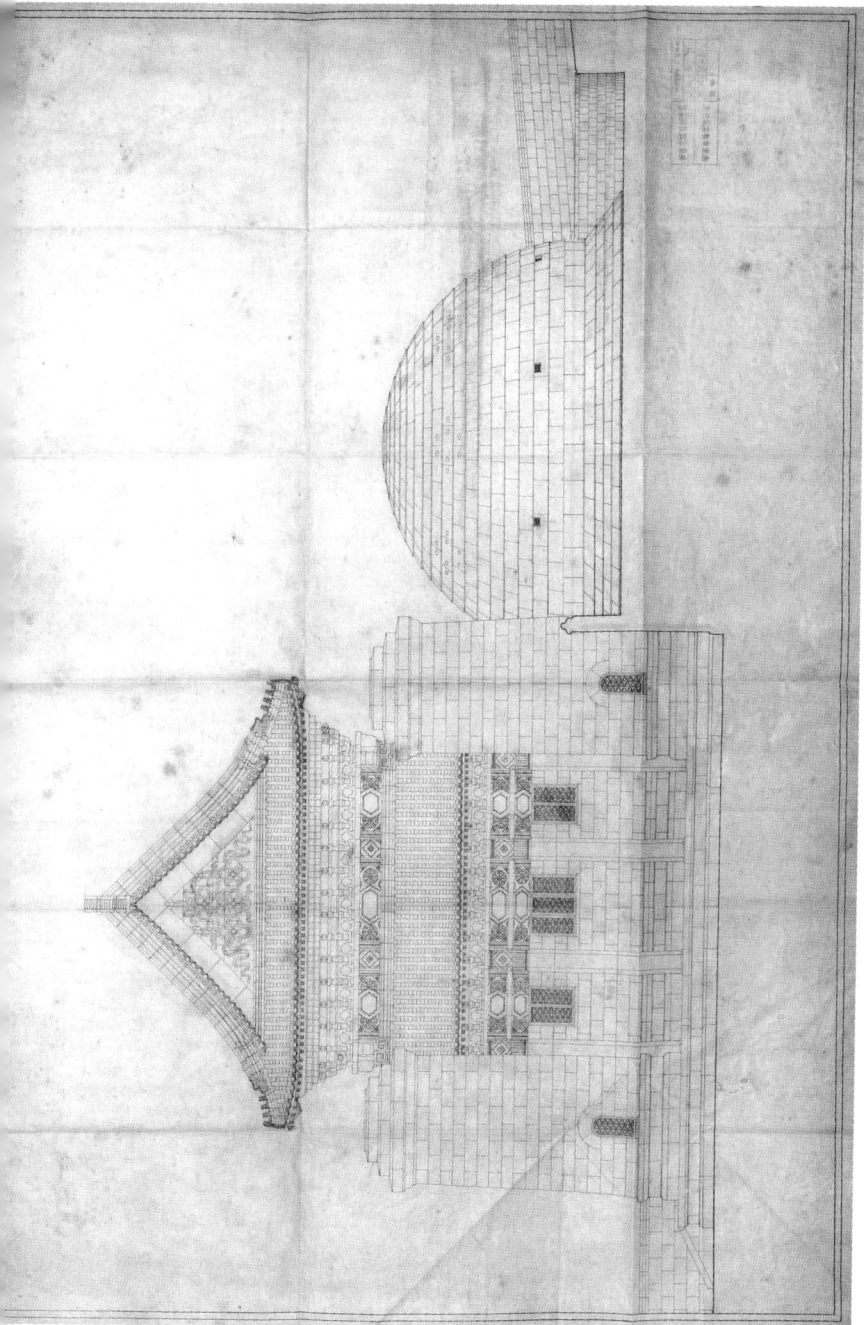

设计图定稿 2——中山陵祭堂侧立面（原图）（吕彦直约 1927 年 8 月绘图）

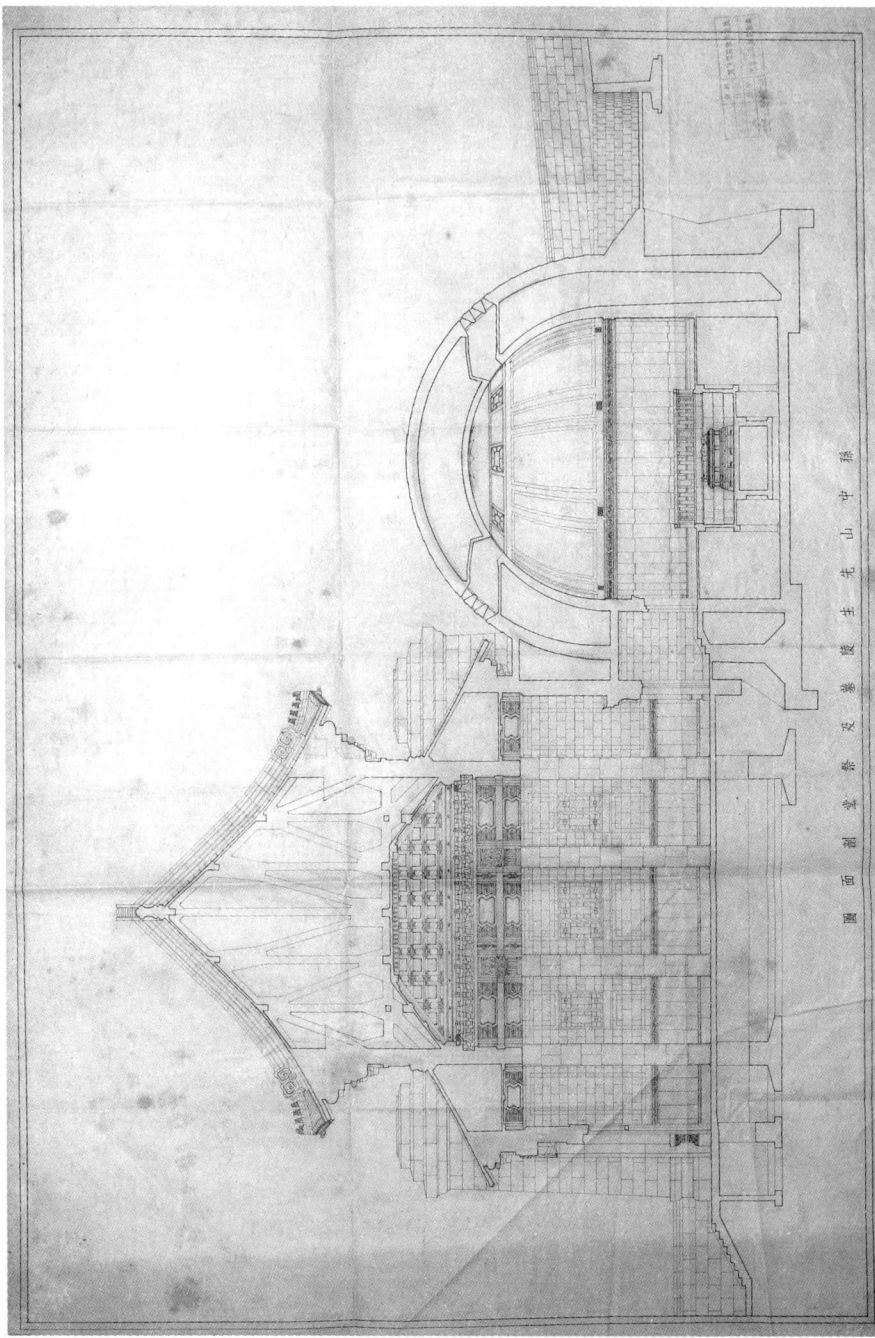

孫 中 山 先 生 陵 墓 祭 堂 及 墓 室 西 面 圖

圖面平堂祭及墓陵生先山中孫

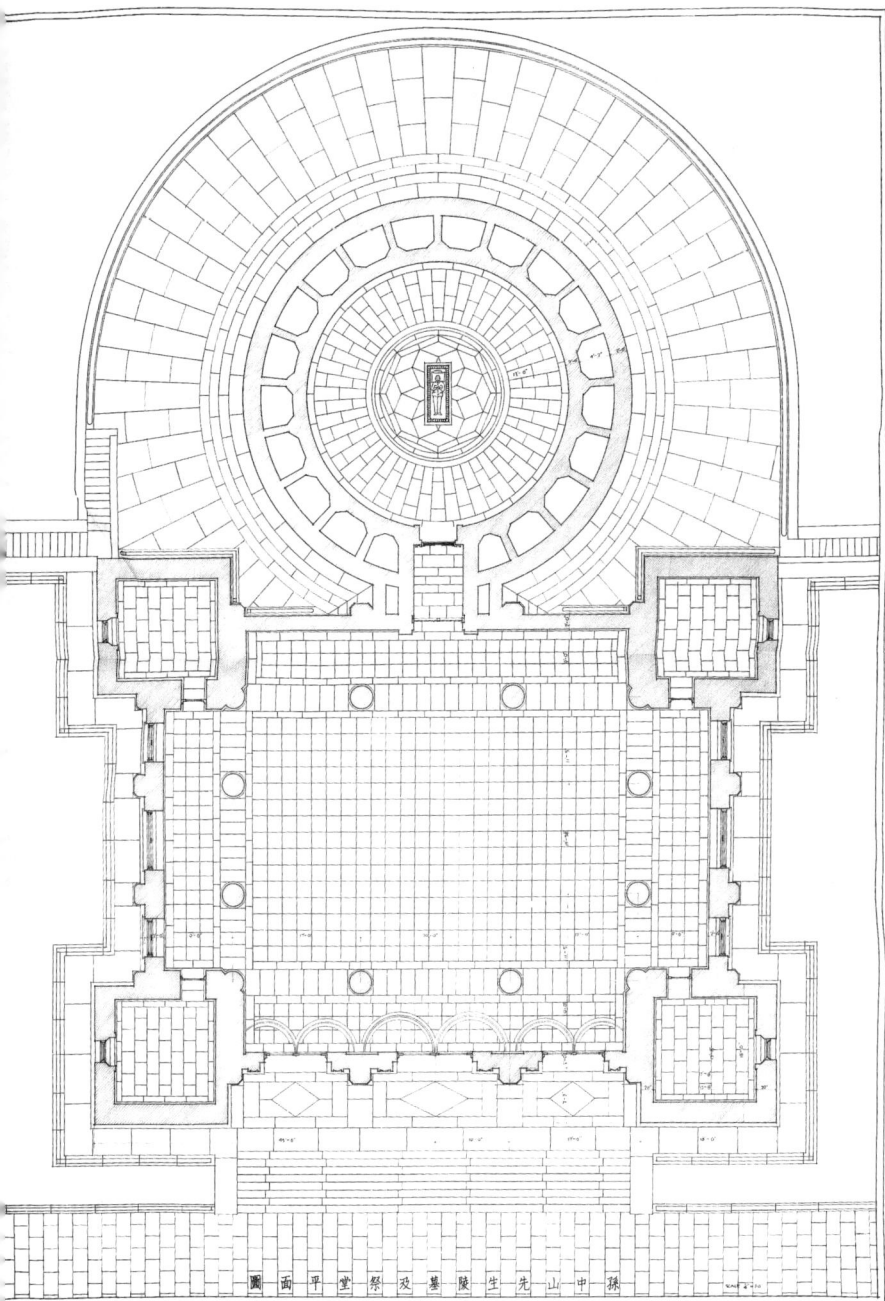

十图定稿 4——陵墓及祭堂平面图（原图）（吕彦直约 1927 年 8 月绘图）

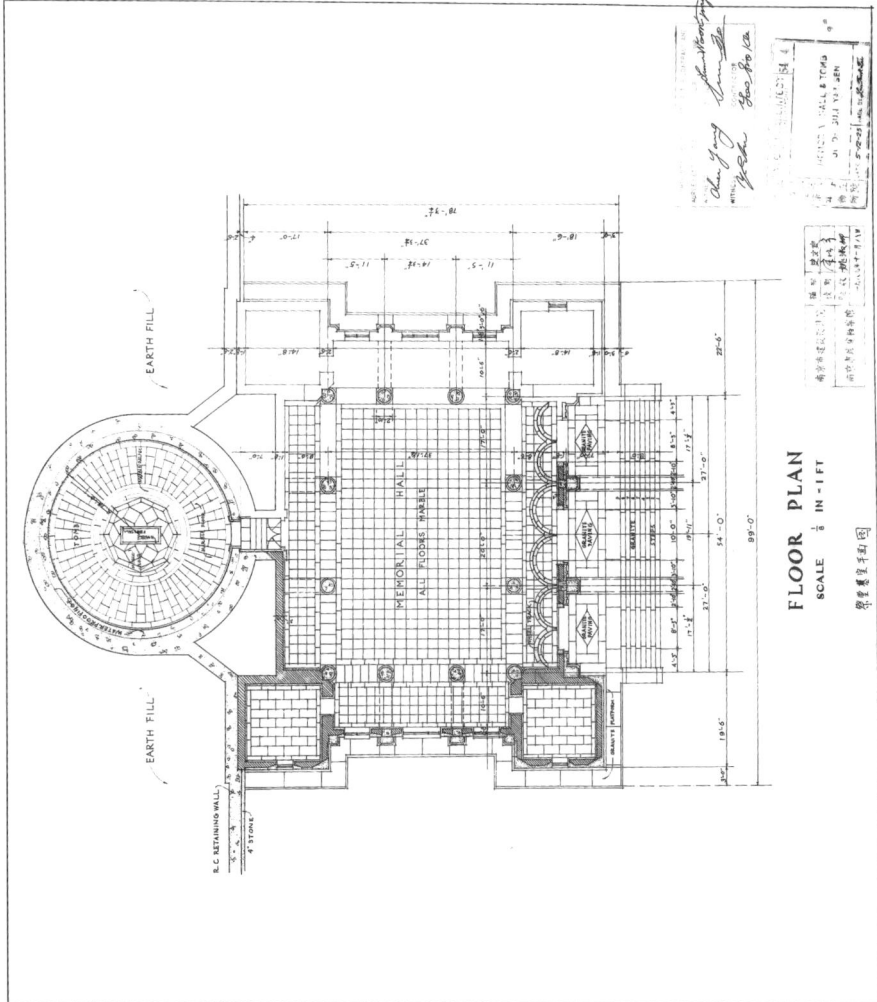

FLOOR PLAN

SCALE $\frac{1}{8}$ IN =1 FT

MEMORIAL HALL
ALL FLOORS MARBLE

EARTH FILL

EARTH FILL

R.C. RETAINING WALL

99'-0"

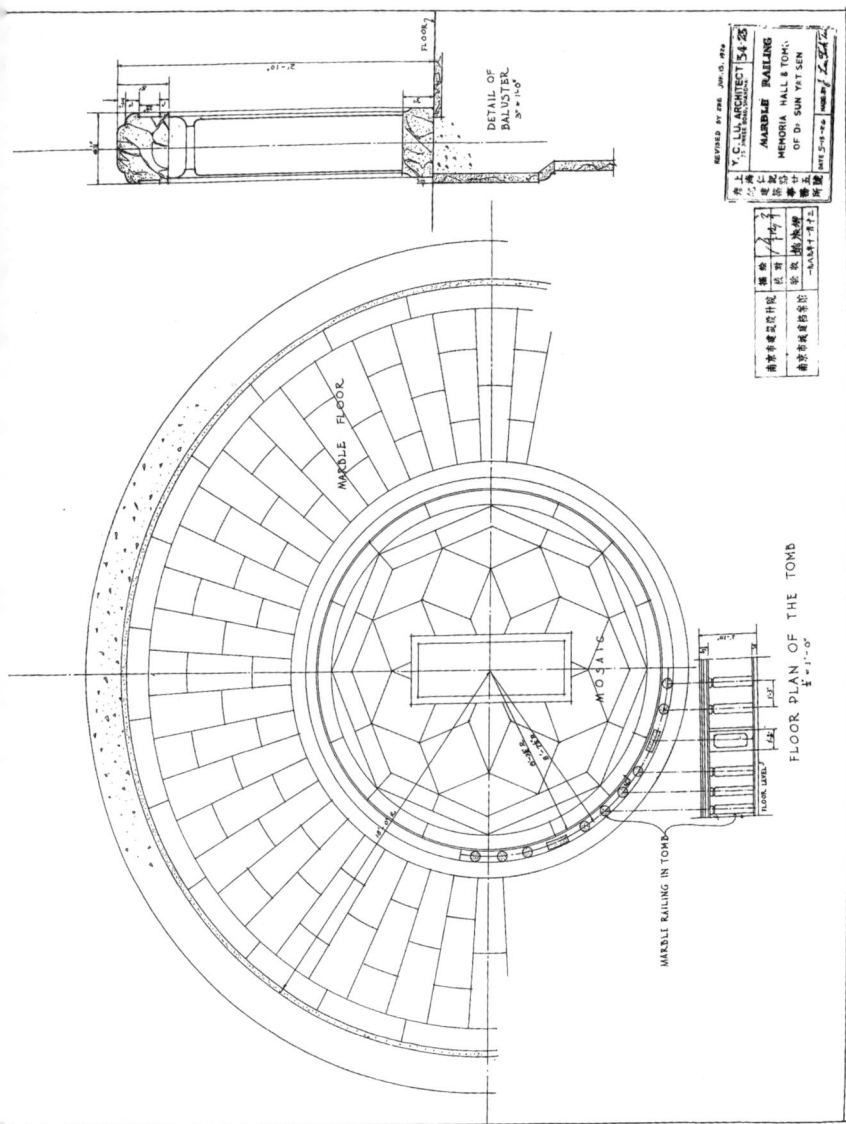

DETAIL OF
BALUSTER.
3"=1'-0"

MARBLE FLOOR

FLOOR PLAN OF THE TOMB
½"=1'-0"

MARBLE RAILING IN TOMB

MOSAIC

FLOOR LEVEL

Y. C. LU ARCHITECT
73 AVENUE RDI SHANGHAI
REVISED BY ZEE. JUN. 15, 1926

MARBLE RAILING
MEMORIA HALL & TOMB
OF Dr SUN YAT SEN

54·23

施工图 2——墓室平面及大理石栏杆（彦记建筑事务所 1926 年 5 月 13 日制图，南京市建筑设计院于 1989 年描图复制）

DETAIL OF CORNER COLUMN & WALL

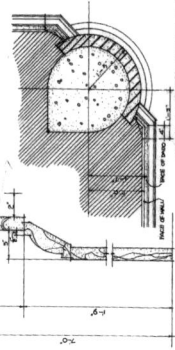

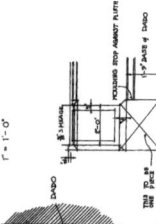

DETAIL OF DADO

DETAIL 'C-C'

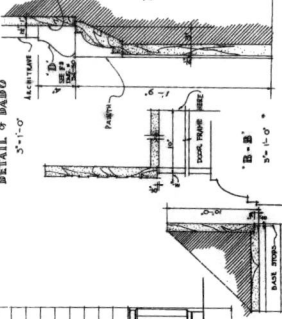

SECTION THRO BASE & DADO

'D-D'

'B-B'

'A-A'

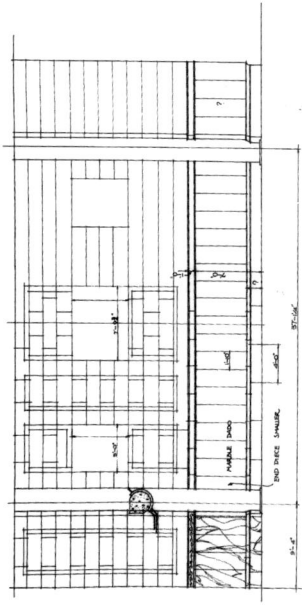

WALL LOOKING EAST & WEST

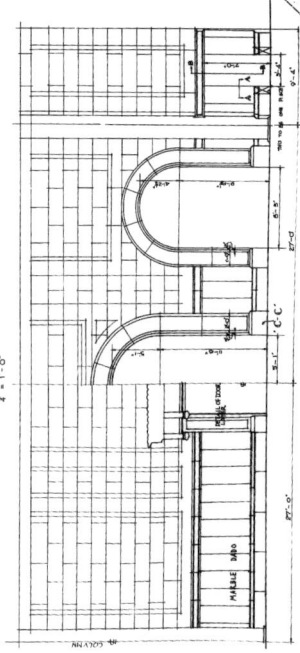

WALL LOOKING SOUTH

WALL LOOKING NORTH

MARBLE DADO

Y. C. LU, ARCHITECT
DETAIL
OF
MARBLE WORKS
MEMORIA HALL & TOMB
OF Dr. SUN YAT SEN

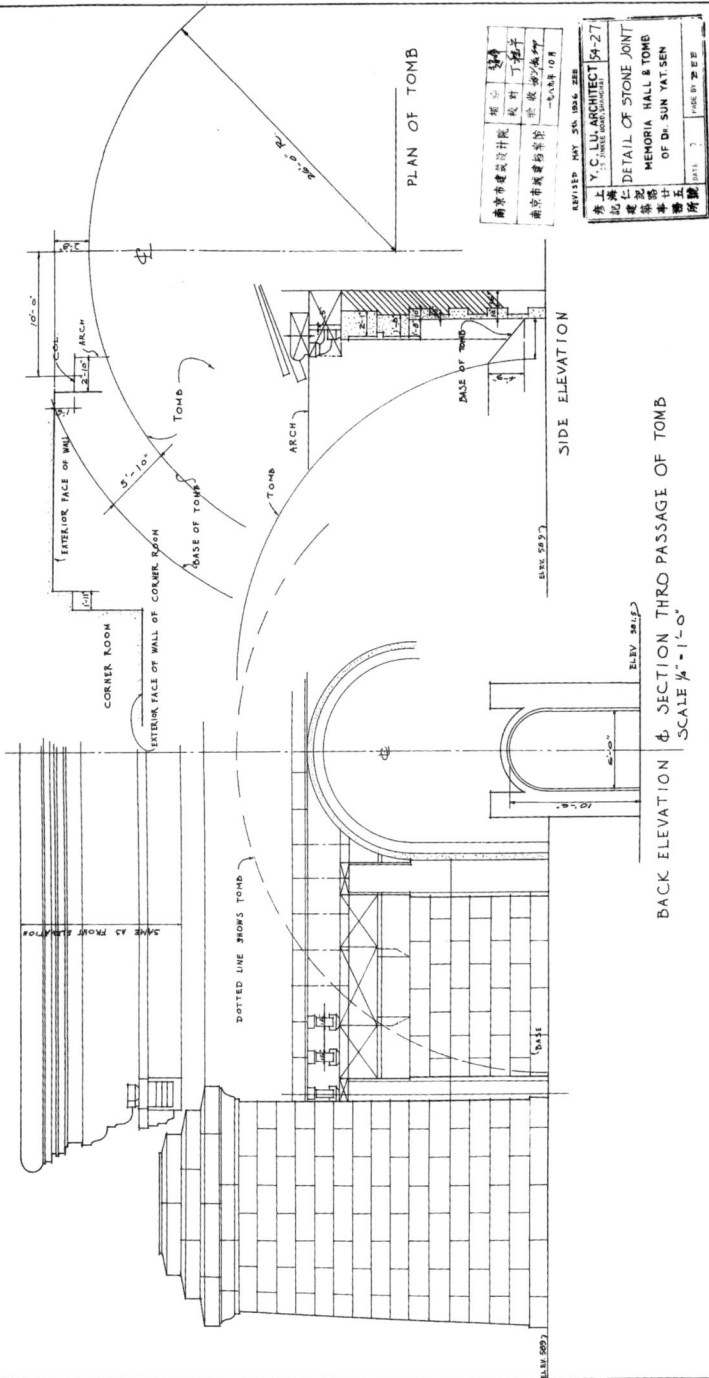

施工图 4——祭堂石结构详图之二（彦记建筑事务所 1926 年 5 月 17 日制图，南京市建筑设计院于 1989 年描图复制）

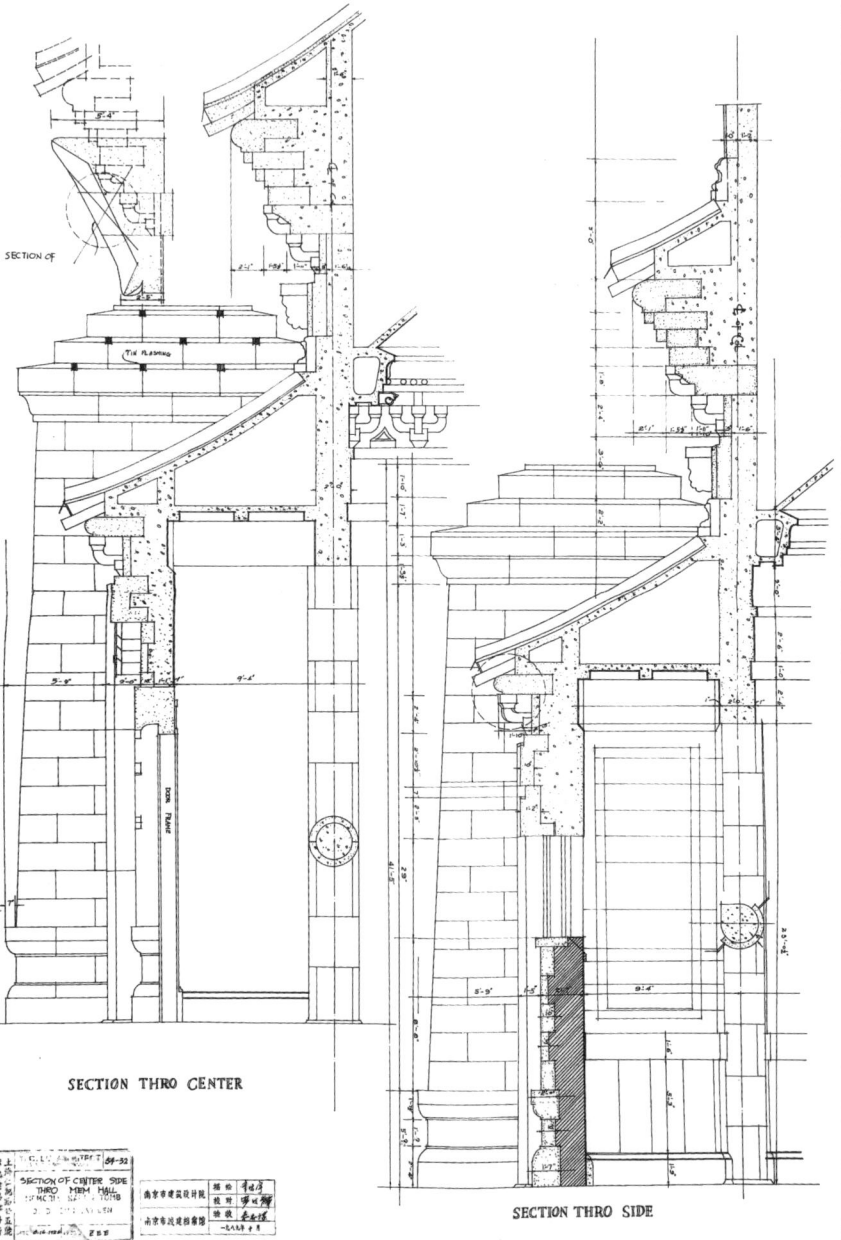

SECTION OF

TIE FLASHING

SECTION OF

SECTION THRO CENTER

SECTION THRO SIDE

祭堂中线及侧线剖面图.

施工图5——祭堂中线及侧线剖面(彦记建筑事务所1926年6月16日制图,南京市建筑设计院于1989年描图复制)

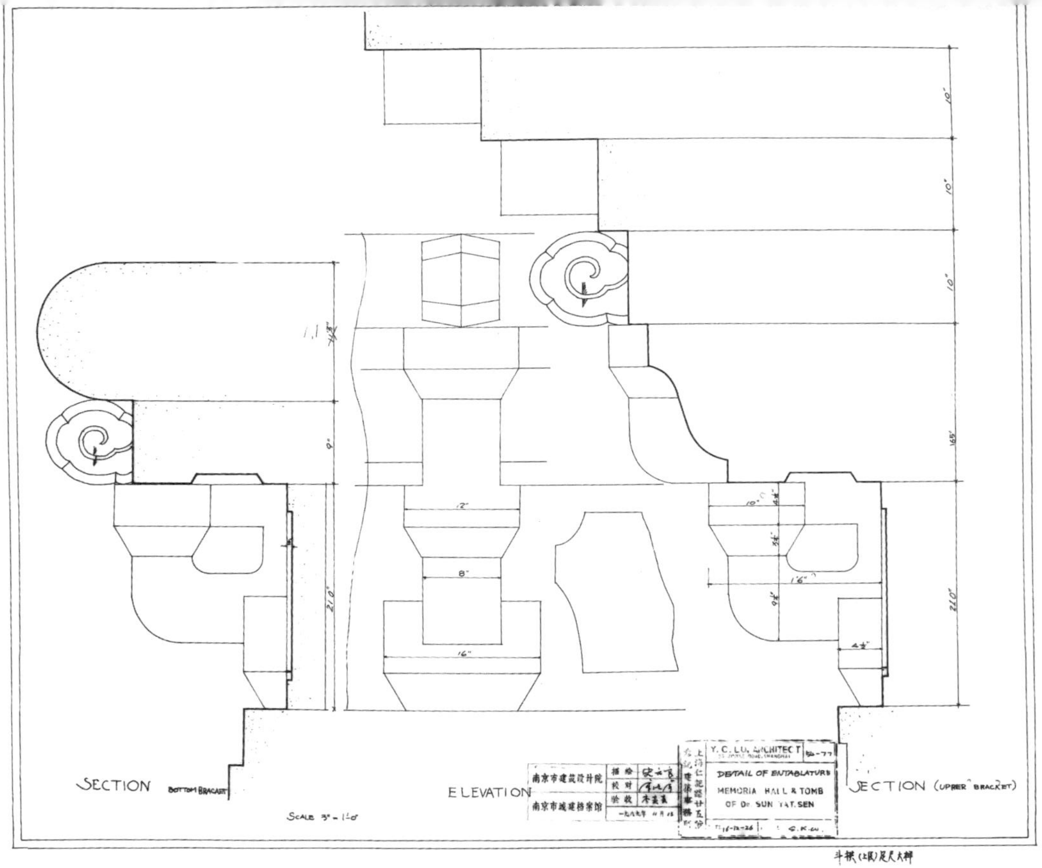

施工图6——祭堂斗栱上层足尺大样 彦记建筑事务所1926年12月16日制图, 南京市建筑设计院于1989年描图复制）

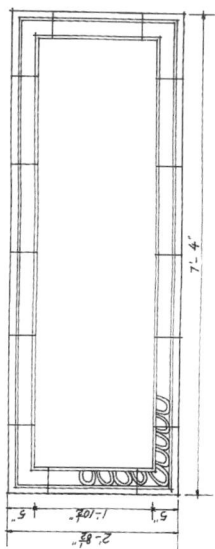

PLAN

7'-4"

2'-8½"   1'-10½"   5"   5"

SIDE ELEVATION

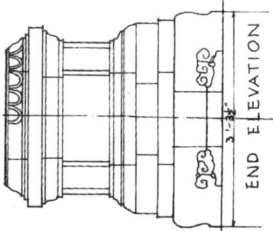

7'-11"

4"   2'-1"   9"

SCALE 1"=1'-0"

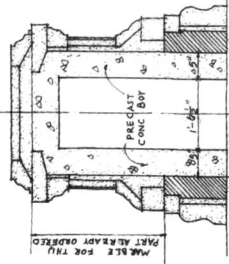

CROSS SECTION

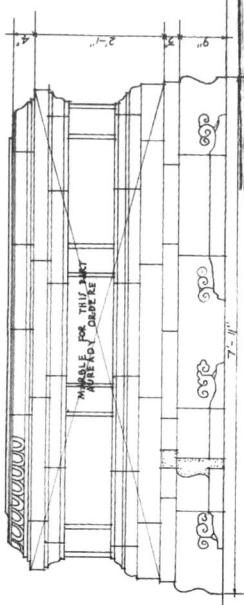

PRECAST
CONC. BDY

1'-0½"

MARBLE FOR THIS PART
ALREADY ORDERED

MARBLE FOR THIS PART
ALREADY ORDERED

END ELEVATION

3'-8½"

Y.C. LU, ARCHITECT   54-125
2 SUITE WOO CHANGNI?

DETAIL OF SARCOPHAGUS
OF DR. S.N. YAT SEN
MEMORIAL WALL & TOMB

DATE 7-aug-27   by J. Leo

南京市建築設計院   繪圖   史大白 (夏?)
          校對 (3人?)
南京市城建檔案館   描圖   陳次
          描寫音花
          一九八三年十一月廿二日

总理棺座

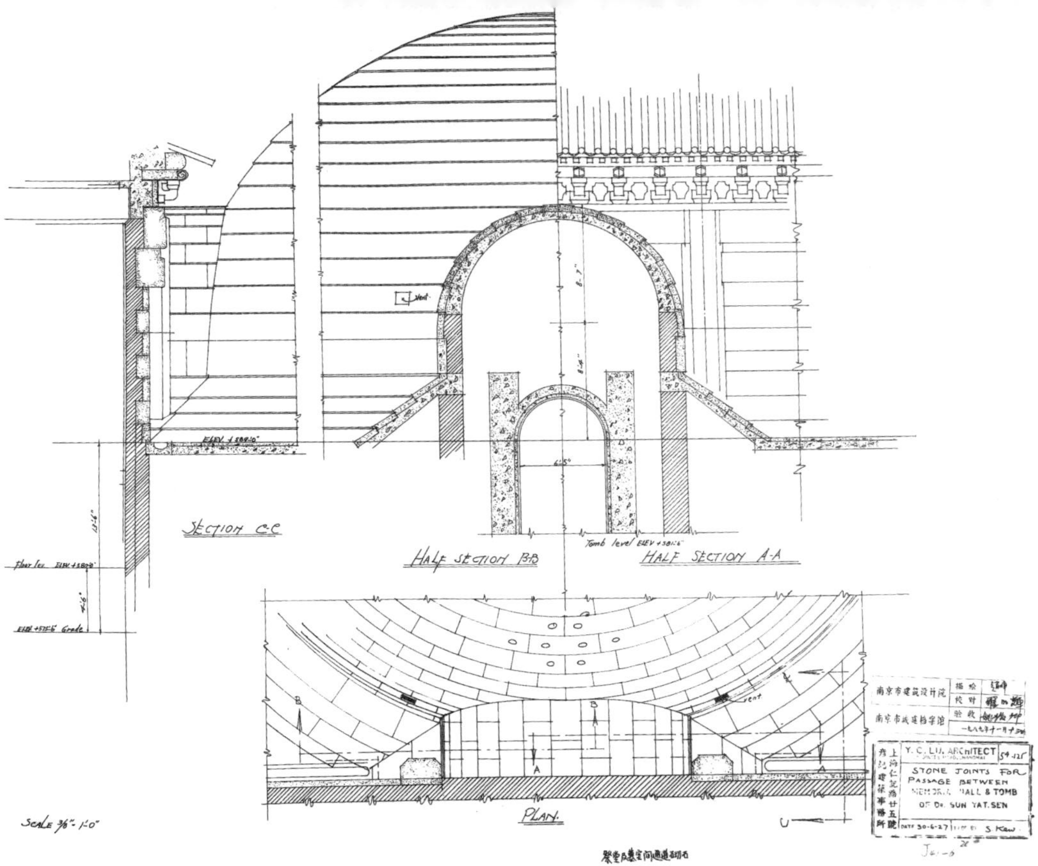

施工图 8——祭堂与墓室间通道结构（彦记建筑事务所 1927 年 6 月 30 日制图，南京市建筑设计院于 1989 年描图复制）

GABLE END DETAIL

V.C. LU, ARCHITECT
29 JINKEE ROAD, SHANGHAI

NOTE – ALL DIMENSIONS TO BE
TAKEN FROM FULL SIZE MODEL

SCALE ½"=1'-0"

SECTION

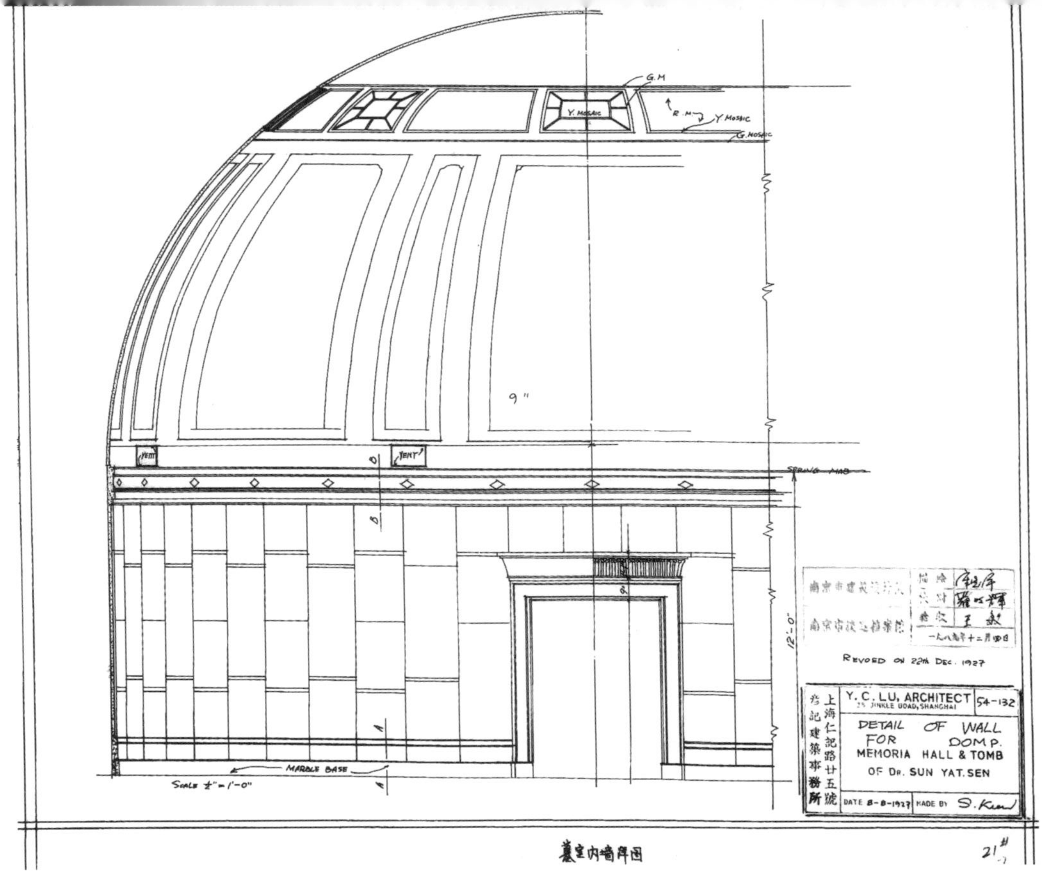

施工图 10——墓室南墙详图（彦记建筑事务所 1927 年 8 月 8 日制图，南京市建筑设计院于 1989 年描图复制）

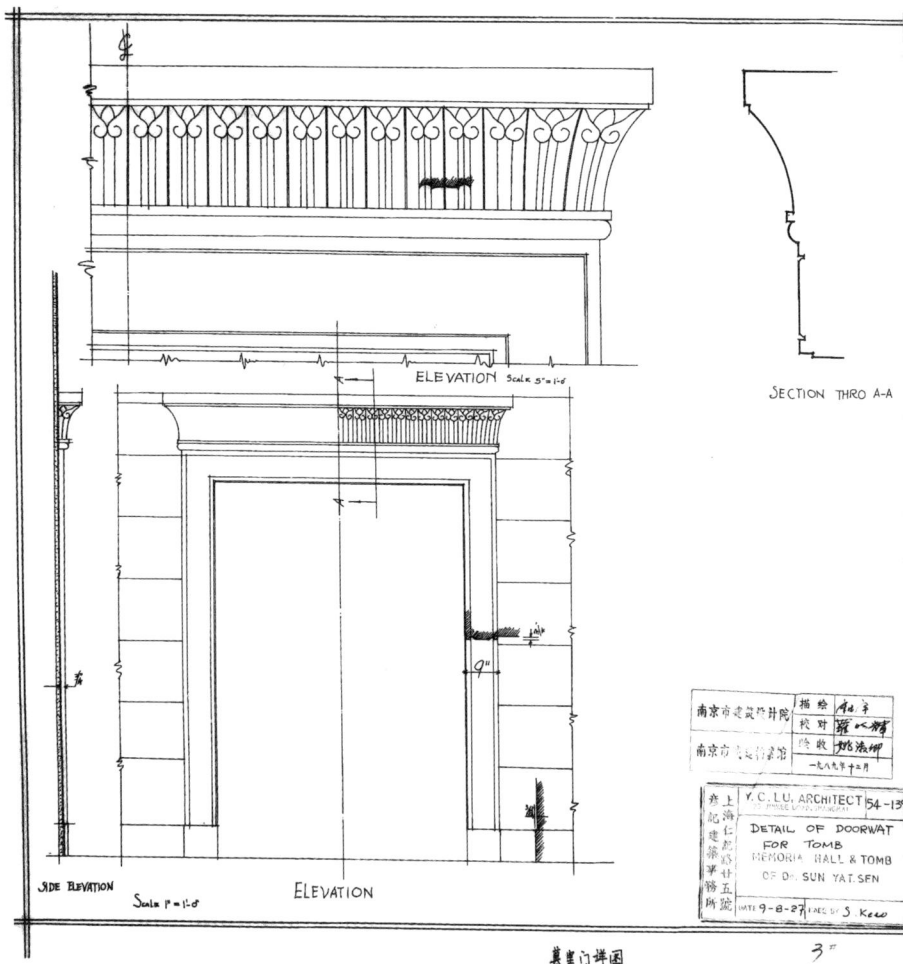

ELEVATION Scale 3"=1'-0"

SECTION THRO A-A

SIDE ELEVATION Scale 1"=1'-0"

ELEVATION

9"

墓室门详图

3"

施工图11——墓室门详图（彦记建筑事务所1927年9月8日制图，南京市建筑设计院于1989年描图复制）

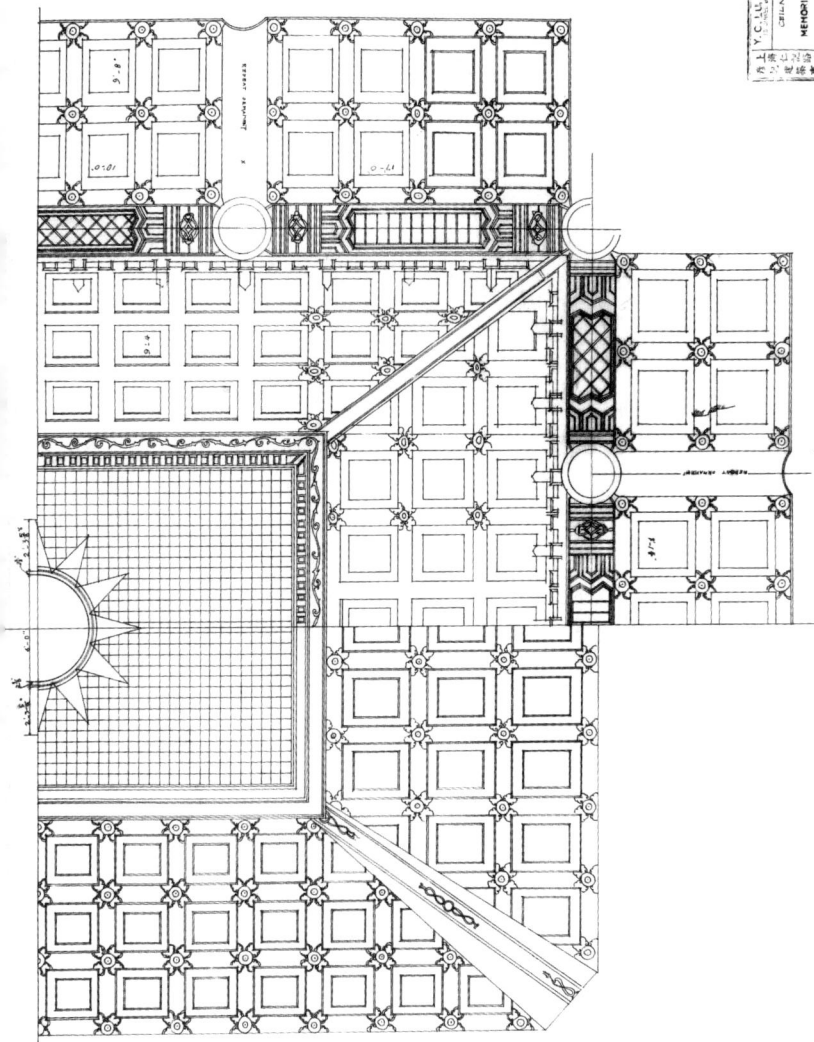

Y. C. LU. ARCHITECT.

CHUNG PLAN

MEMORIA HALL & TOMB
OF Dr SUN YAT SEN

南京市建筑设计研究院

施工图 12——祭堂平顶平面（彦记建筑事务所 1927 年 9 月 11 日制图，南京市建筑设计院于 1989 年描图复制）

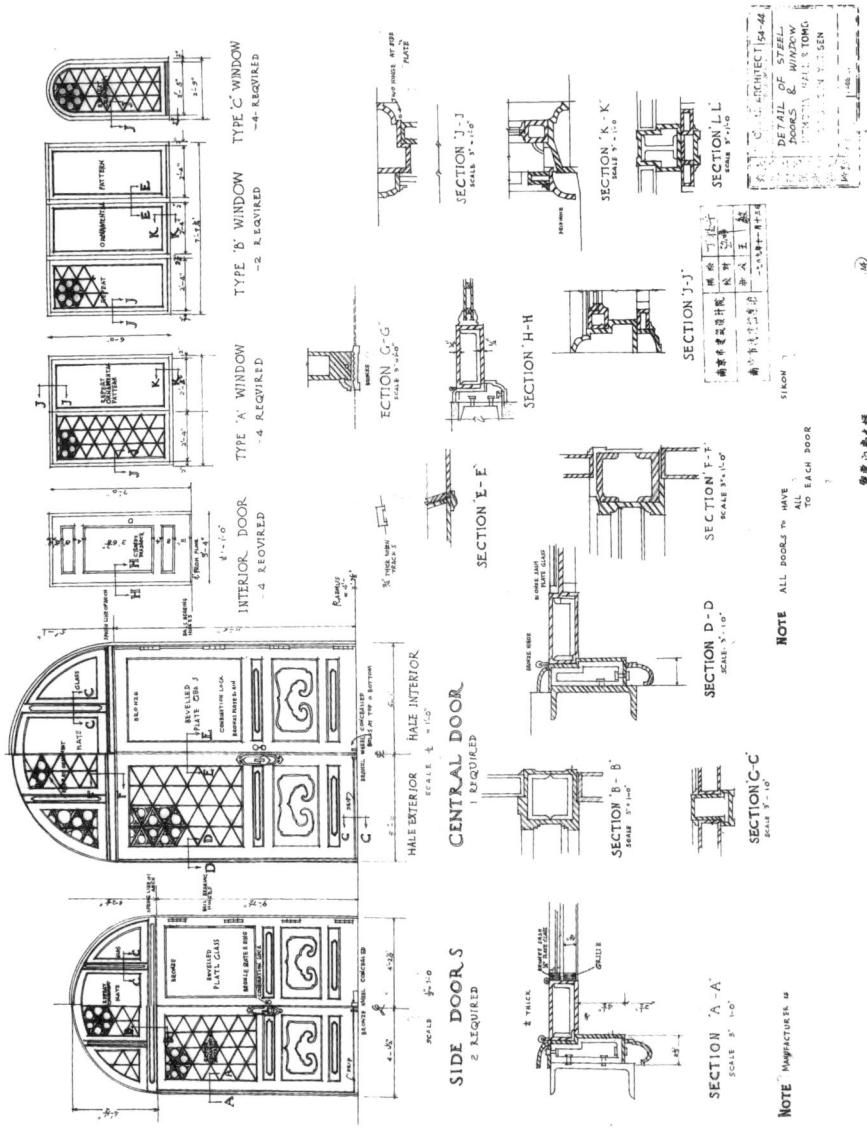

TYPE 'C' WINDOW
-4 REQUIRED

TYPE 'B' WINDOW
-2 REQUIRED

ORNAMENTAL PATTERN

TYPE 'A' WINDOW
-4 REQUIRED

INTERIOR DOOR
-4 REQUIRED

SECTION 'G-G'
SCALE ⅜"=1'-0"

SECTION 'H-H'

SECTION 'J-J'
SCALE ½"=1'-0"

SECTION 'K-K'
SCALE ½"=1'-0"

SECTION 'L-L'
SCALE ½"=1'-0"

SECTION 'J-J'

SECTION 'E-E'

SECTION 'F-F'
SCALE 3"=1'-0"

SECTION 'D-D'
SCALE ½"=1'-0"

SECTION 'B-B'
SCALE 3"=1'-0"

SECTION 'C-C'
SCALE ½"=1'-0"

SECTION 'A-A'
SCALE 3"=1'-0"

NOTE: ALL DOORS TO HAVE ALL TO EACH DOOR

NOTE: MANUFACTURER IS

CENTRAL DOOR
1 REQUIRED

HALF EXTERIOR   HALF INTERIOR

SIDE DOORS
2 REQUIRED

BEVELLED PLATE GLASS

DETAIL OF STEEL DOORS & WINDOW

附图 12   教堂门窗大样（南洋建筑营造公司绘制图   口据天洋   重印市建筑设计院于 1989 年重印复制））

教堂门窗大样

(16)

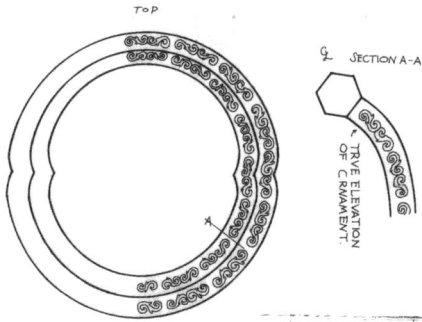

TOP

SECTION A-A

TRVE ELEVATION OF CRNAMENT.

F S D TA

施工图 14——棺室门环（彦记建筑事务所制图，日期不详，南京市建筑设计院于 1989 年描图复制）

墓室门门环装饰

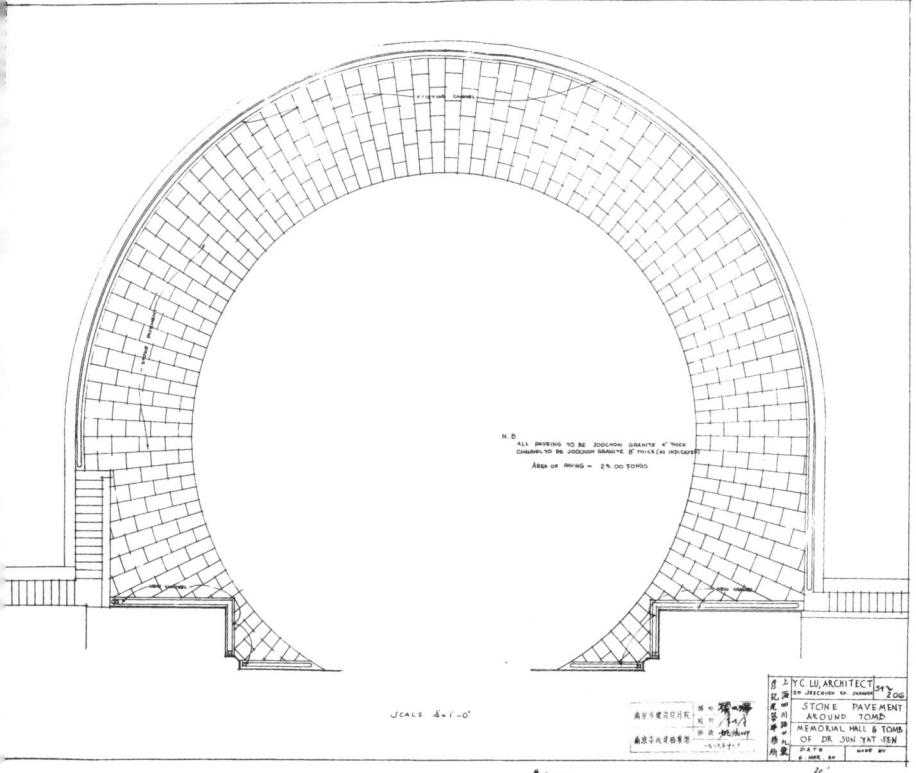

N.B.
ALL PAVING TO BE JOOCHOW GRANITE 4" THICK
CHANNEL TO BE JOOCHOW GRANITE 8" THICK(AS INDICATED)
AREA OF PAVING = 25.00 TONGS

SCALE ⅛"=1'-0"

YC LU, ARCHITECT
STONE PAVEMENT
AROUND TOMB
MEMORIAL HALL & TOMB
OF DR SUN YAT SEN

施工图 15——墓周砌石（彦记建筑事务所 1930 年 3 月 6 日制图，南京市建筑设计院于 1989 年描图复制）

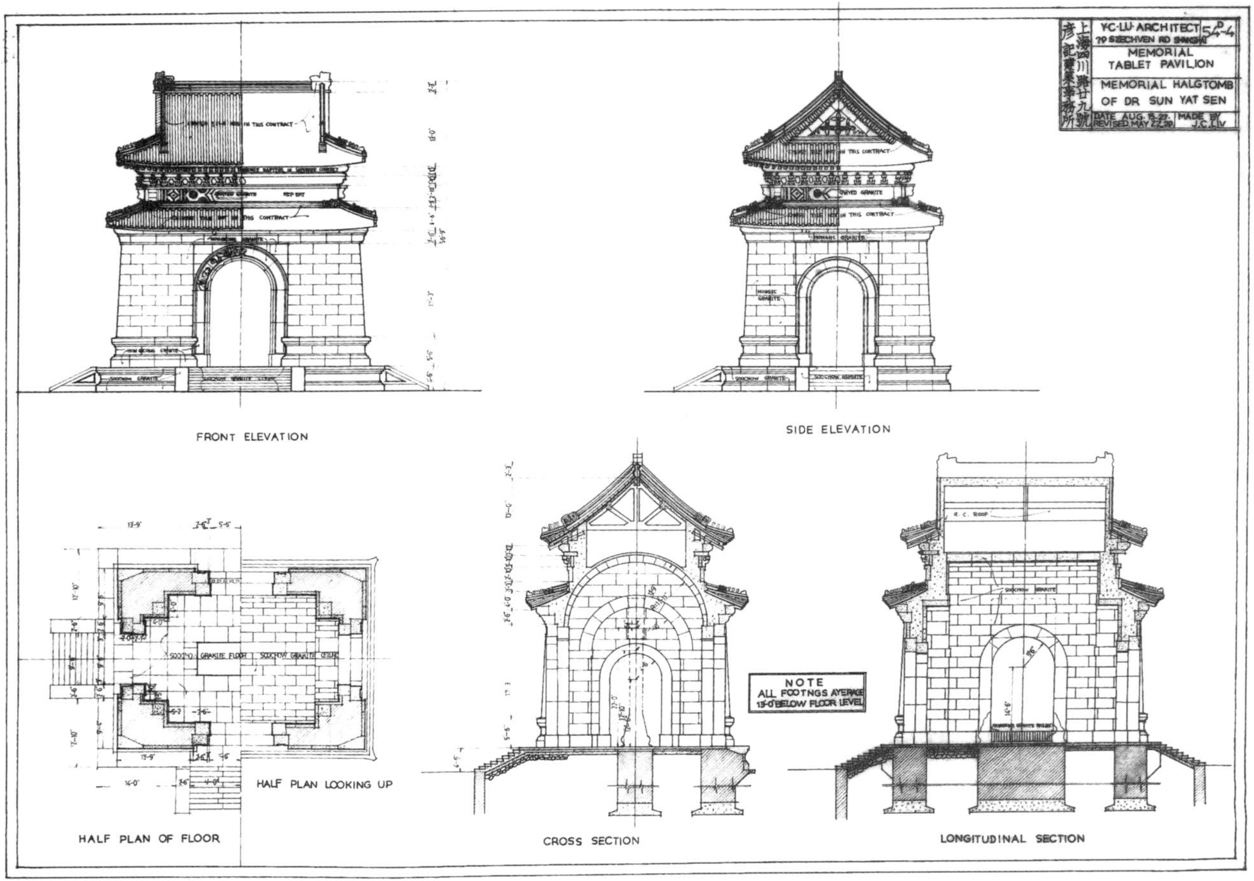

YC-LU ARCHITECT
19 SZECHVEN RD SHANGHAI
MEMORIAL
TABLET PAVILION
MEMORIAL HALLTOMB
OF DR SUN YAT SEN

SIDE ELEVATION

FRONT ELEVATION

CROSS SECTION

LONGITUDINAL SECTION

NOTE
ALL FOOTINGS ATSTRIKE
45°BELOW FLOOR LEVEL

HALF PLAN OF FLOOR

HALF PLAN LOOKING UP

附录图 18　碑亭设计图三（字迹模糊者为吕彦直，1927 年 9 月 15 日制图）

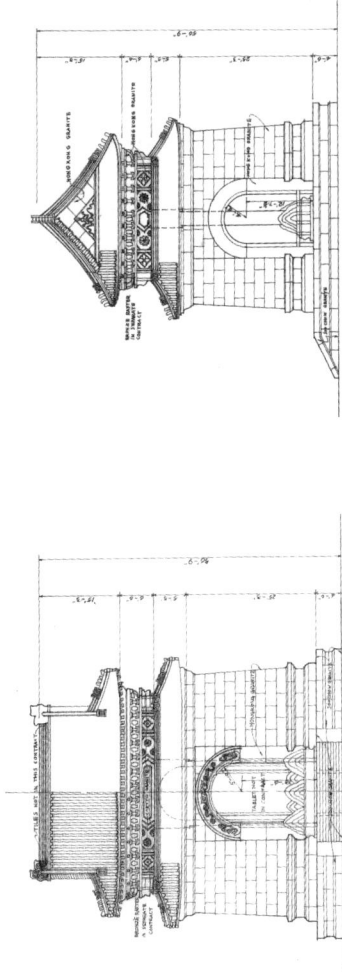
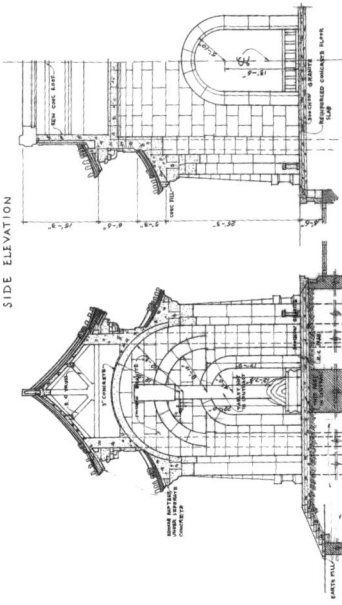
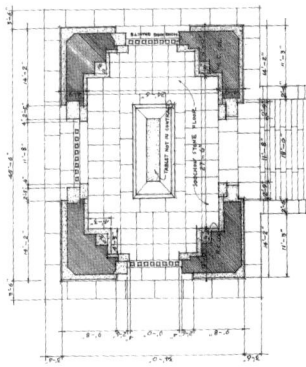

施工图 17——碑亭平正剖面图 2（彦记建筑事务所 1927 年 8 月 15 日制图，南京市建筑设计院于 1990 年描图复制）

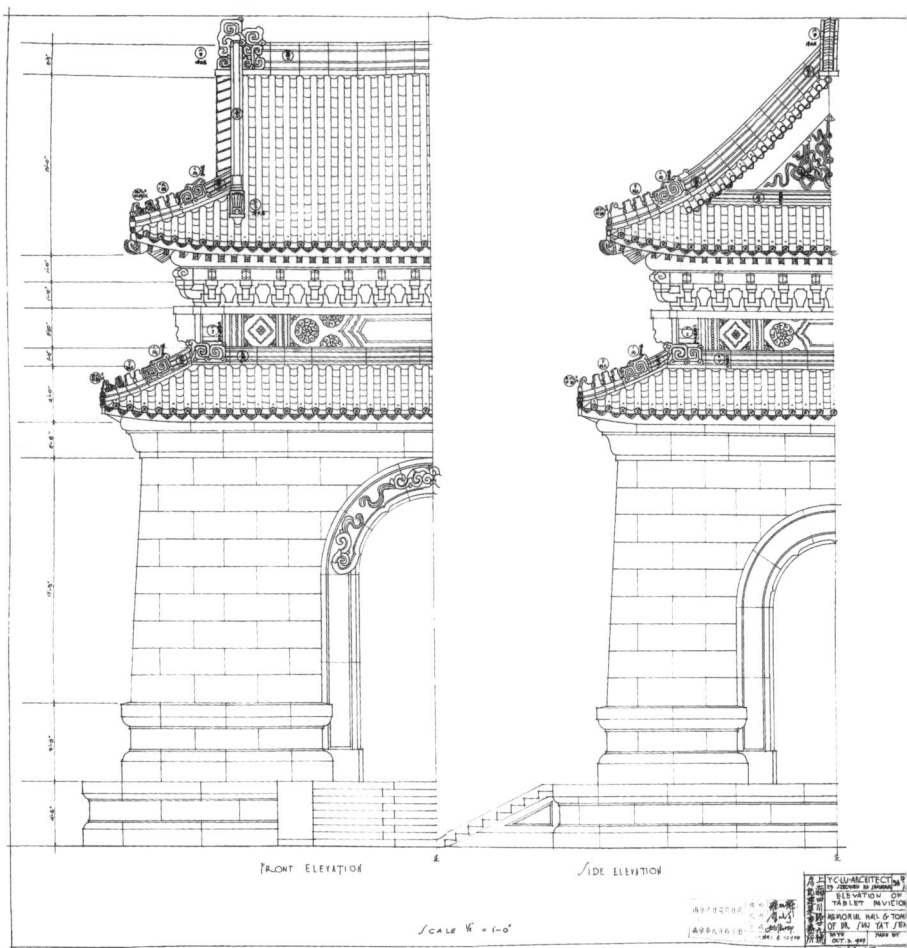

FRONT ELEVATION   SIDE ELEVATION

SCALE ⅛" = 1'-0"

施工图 18——碑亭立面（彦记建筑事务所 1929 年 10 月 3 日制图，南京市建筑设计院于 1990 年描图复制）

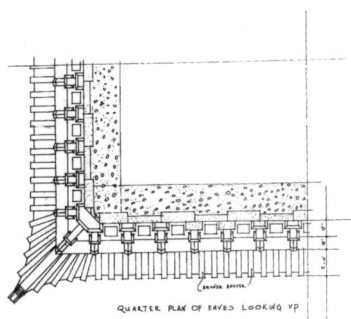

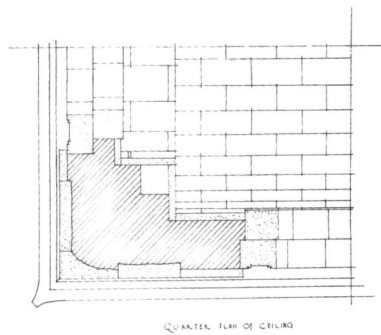

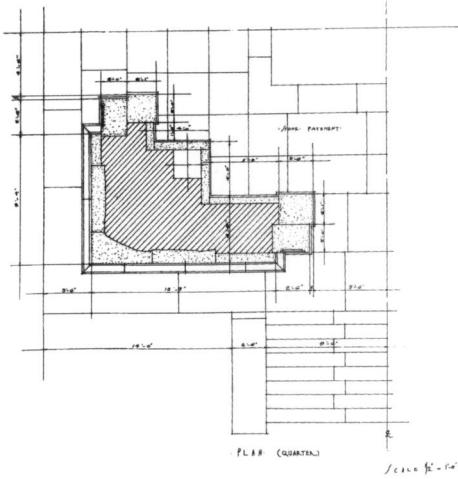

QUARTER PLAN OF EAVES LOOKING UP

QUARTER PLAN OF CEILING

PLAN (QUARTER)

SCALE $\frac{1}{8}'' = 1'-0''$

施工图 19——中山陵碑亭平面（彦记建筑事务所 1929 年 10 月 3 日制图，南京市建筑设计院于 1990 年描图复制）

UPPER PART OF TABLET
SCALE 3"=1'-0'

Y·C·W ARCHITECT	
30 KIANGSE RD SHANGHAI	
TA SUN YAT-SEN	
MEMORIAL HALL & TOMB	
NANKING	
DETAIL OF TABLET FOR	
TABLET PAVILION	
DATE	HAND BY
NOV·20· 1929	HY CHUNG

南京市建筑设计院
南京市城建...

施工图 20——碑亭石碑大样（彦记建筑事务所 1929 年 11 月 20 日制图，南京市建筑设计院于 1990 年描图复制）

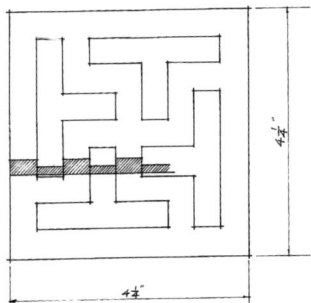

—— FULL SIZE DETAIL OF END VIEW OF BRONZE RAFTERS ——

$4\frac{1}{2}$

$4\frac{1}{2}$

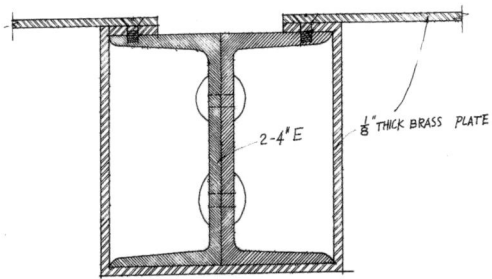

$2-4"E$

$\frac{1}{8}"$ THICK BRASS PLATE

—— FULL SIZE SECTION OF BRONZE RAFTER ——

南京市建筑设计院

南京市城建建档案馆

	描绘	沈人民
	校对	
	验收	王毅
一九九〇年五月廿四

Y. C. LU · ARCHITECT
29. SZECHUEN RD SHANGHAI
FULL SIZE DETAIL
OF BRONZE RAFTER
MEMORIAL HALL & TOMB
OF DR SUN YAT·SEN
DATE 20 NOV 1929 | MADE·BY
S Kein

54 D-25

上海四川路廿九號 彥記建築事務所

銅橡施足大大樣

南京總理陵墓第三部工程碑亭陵門上銅橡十二框簡易說明書

一貨查 碑亭及陵門上銅橡十銅有橫放於橡子上面中間缺金斜

二原材 原材作二用以厚度及於橡色成後工屋甲鐵銅鐵成份用

三注 宗銅九磅鐵銅一成干潤所生不能概用

四材料 全有干二框上圖解批使用說明書圖解如下銷鐵連

五質量 古質量王用建圖集成缺七於厚色品質量甲七框

六面色 承以人各每塊色南用厚一尺四十中於甲七鐵色

七共製造 七共製造銷色干四十鐵位錄製不能製法圖銅鐵

八鑒定 古質造王工程處家鑑定以後乃可圖建造

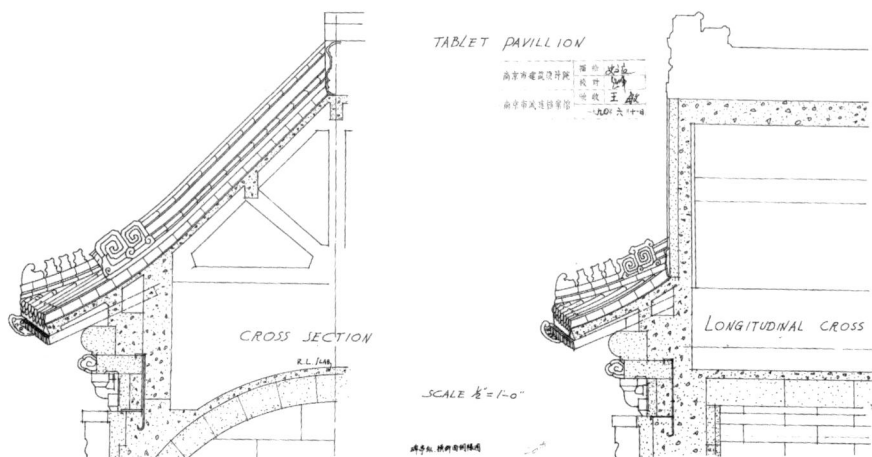

施工图 22——碑亭檐口纵横断面（彦记建筑事务所制图，日期不详，南京市建筑设计院于 1990 年描图复制）

施工图 23——碑亭拱门大样（彦记建筑事务所制图，日期不详，南京市建筑设计院于 1990 年描图复制）

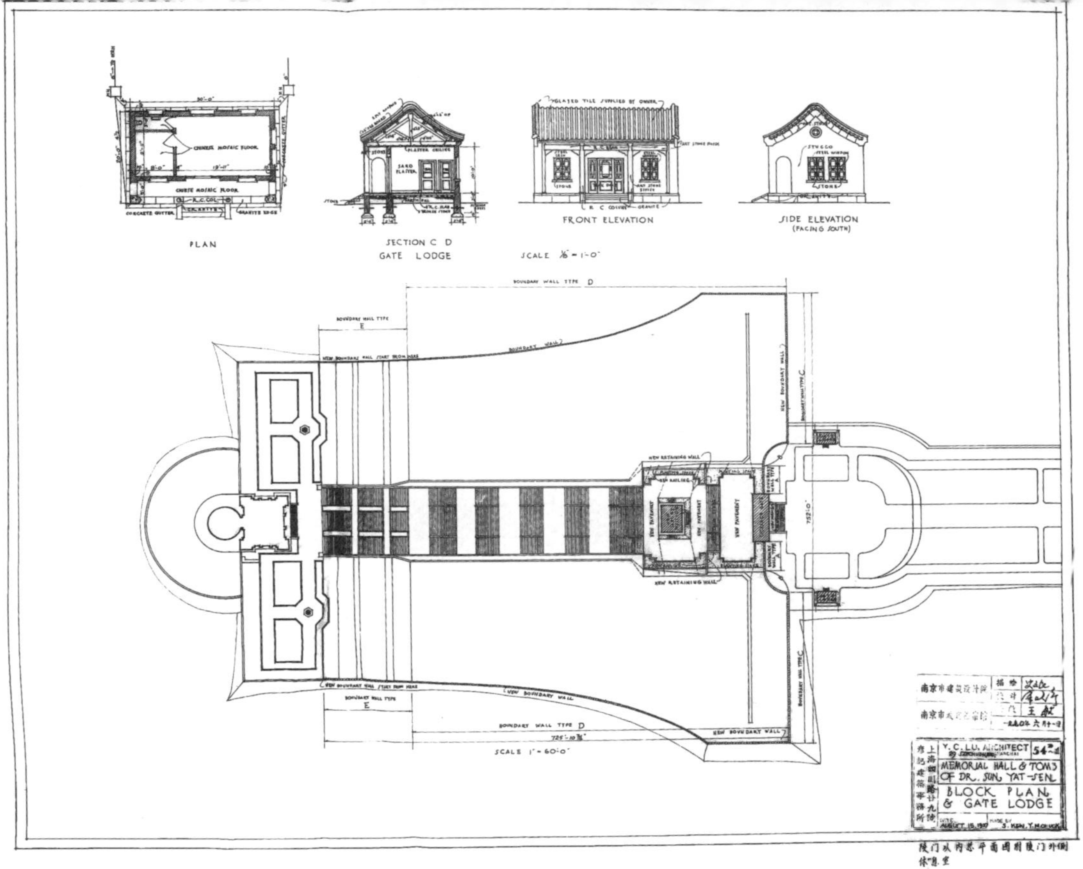

施工图图 24——陵门内总平面图及外休息室 彦记建筑筑事务所 1927 年 8 月 15 日制图，南京市建筑设计院于 1990 年描图复制）

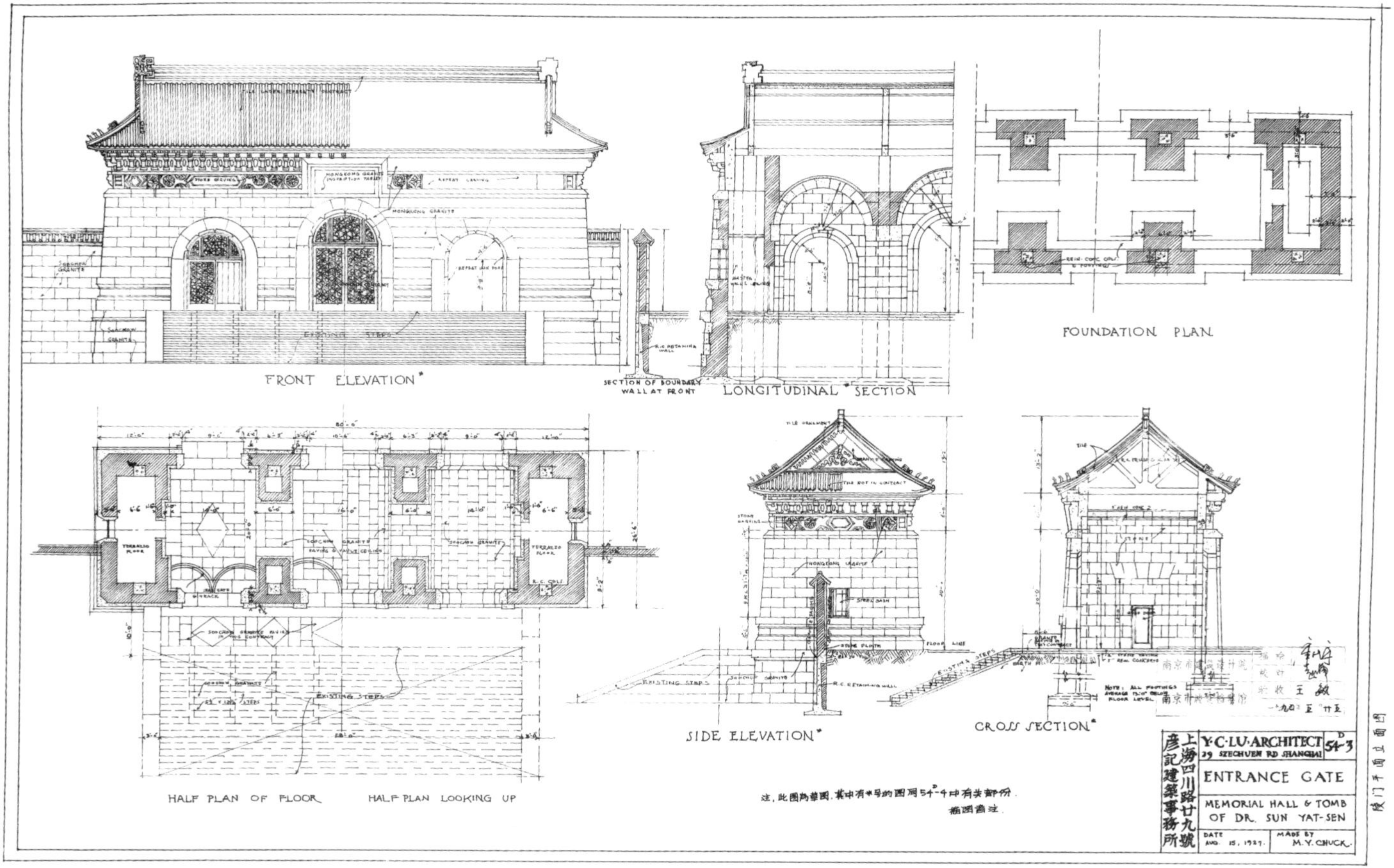

FRONT ELEVATION
SECTION OF BOUNDARY WALL AT FRONT
LONGITUDINAL SECTION
FOUNDATION PLAN
HALF PLAN OF FLOOR
HALF PLAN LOOKING UP
SIDE ELEVATION
CROSS SECTION
注，此图为草图，其中有＊号的图同54D-4中有关部份。
描图者注
上海四川路廿九號
彥記建築事務所
Y·C·LU·ARCHITECT
29 SZECHUEN RD SHANGHAI
D 54-3
ENTRANCE GATE
MEMORIAL HALL & TOMB
OF DR. SUN YAT-SEN
DATE AUG. 15, 1927.
MADE BY M. Y. CHUCK.
陵门平面立面图

施工图25——陵门平、立、剖面图（彦记建筑事务所1927年8月15日制图，南京市建筑设计院于1990年描图复制）

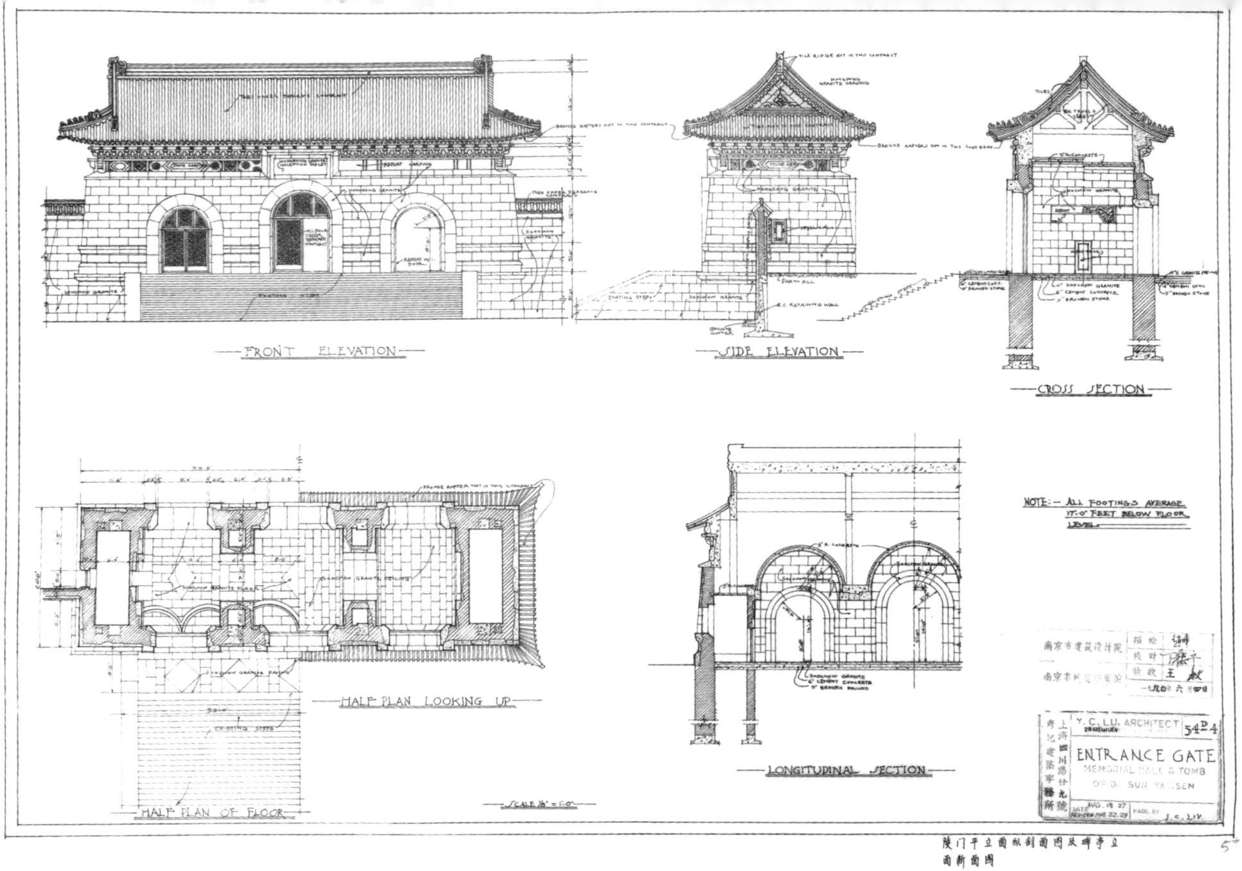

施工图 26——陵门平、立面及纵剖面面，碑亭立面、剖面图（彦记建筑事务所 1927 年 8 月 15 日制图，南京市建筑设计院于 1990 年描图复制）

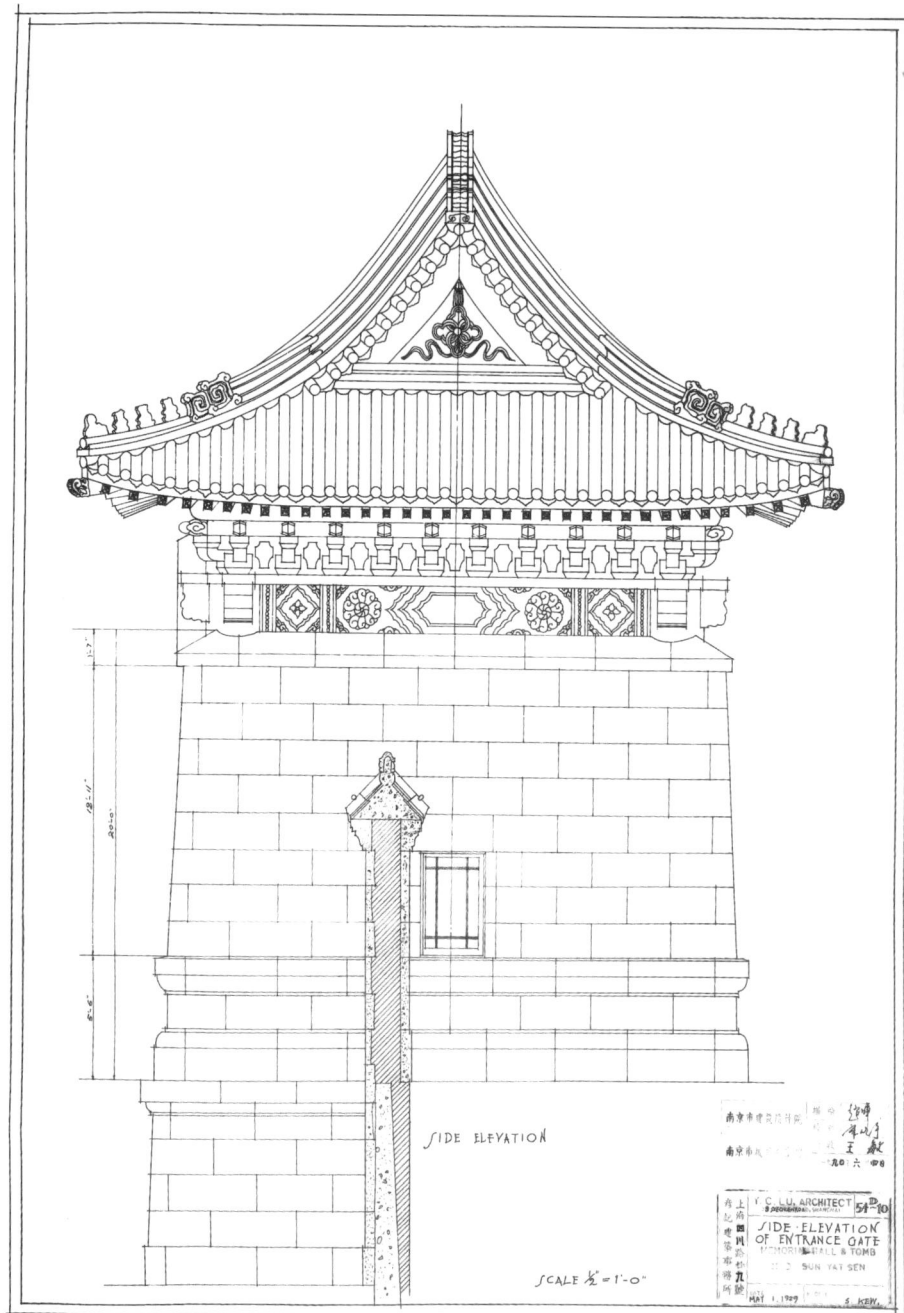

施工图 27——陵门侧立面图（彦记建筑事务所 1929 年 5 月 1 日制图，南京市建筑设计院于 1990 年描图复制）

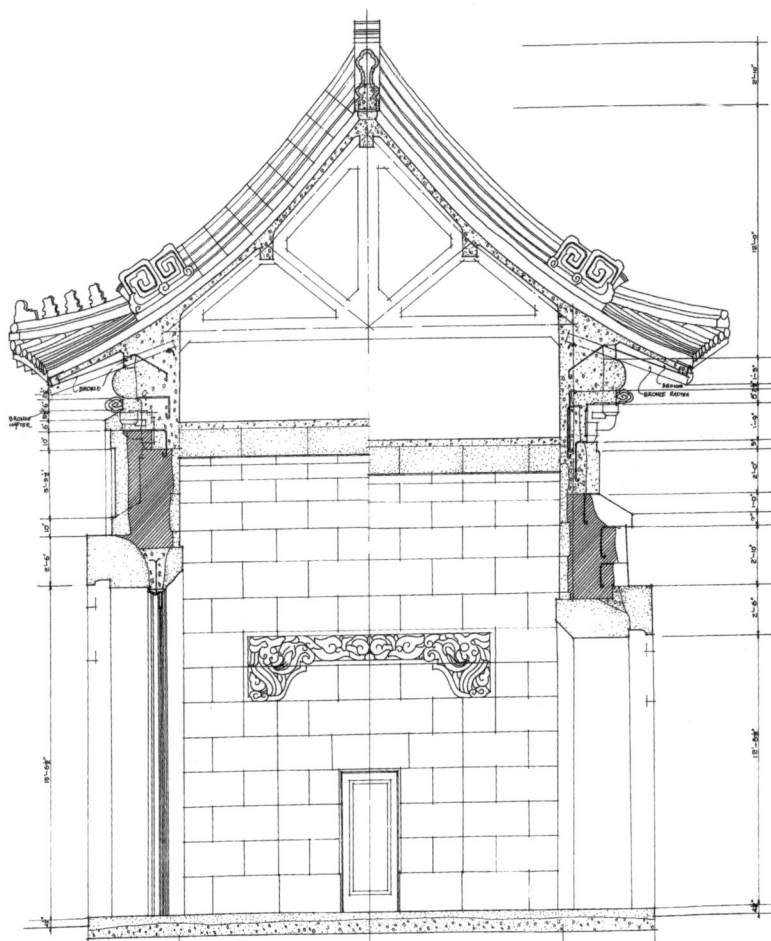

HALF SECTION THRO CENTRAL ARCH   HALF SECTION THRO SIDE ARCHES

SCALE ½"=1'-0"

Y CLU ARCHITECT 54-11
69 SZE CHUEN RD SHANGHAI
CROSS SECTIONS
OF ENTRANCE GATE
MEMORIAL HALL & TOMB
OF DR SUN YAT SEN
DATE MAY 1. 1929   MADE BY K.B.W.

施工图 28——陵门横断面详图（彦记建筑事务所 1929 年 5 月 1 日制图，南京市建筑设计院于 1990 年描图复制）

HALF LONGITUDINAL SECTION
SCALE ½"=1'0"

Y. C. LIU ARCHITECT
LONGITUDINAL SECTION
OF ENTRANCE GATE
MEMORIAL HALL & TOMB
.F DR SUN YAT SEN

MAY 1, 1929

南京市建筑设计院描绘

施工图 29——陵门纵断面图（彦记建筑事务所 1929 年 5 月 1 日制图，南京市建筑设计院于 1990 年描图复制）

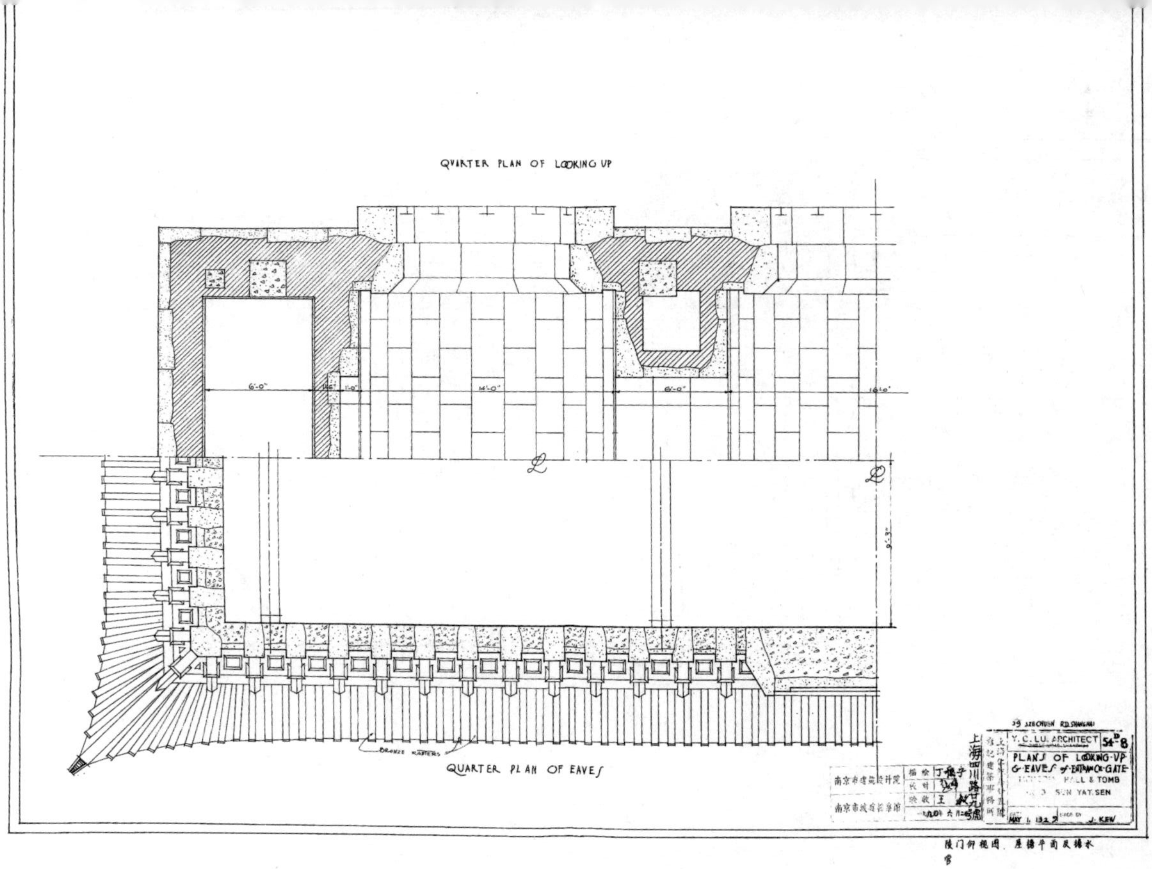

QUARTER PLAN OF LOOKING UP
6'-0"
14'-0"
6'-0"
16'-0"
9'-3"
BRONZE RAFTERS
QUARTER PLAN OF EAVES
Y. C. LU ARCHITECT
54-B
PLANS OF LOOKING UP & EAVES of ENTRANCE GATE
MAY 1, 1929
J. KEW
陵门仰视图、屋檐平面及铸水管

施工图 30——陵门仰视、屋檐平面图（彦记建筑事务所 1929 年 5 月 1 日制图，南京市建筑设计院于 1990 年描图复制）

天下为公

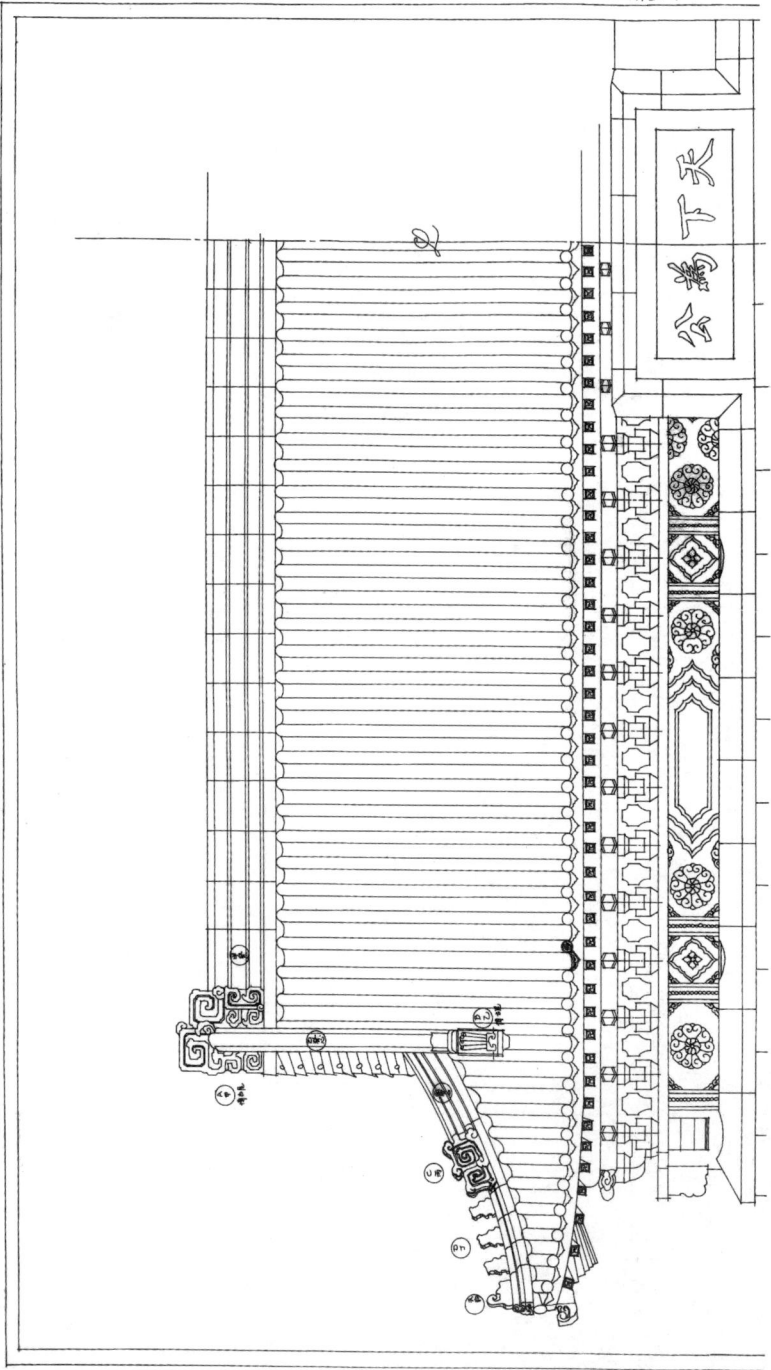

施工图 31——陵门正立面图（彦记建筑事务所制图，日期不详，南京市建筑设计院于 1990 年描图复制）

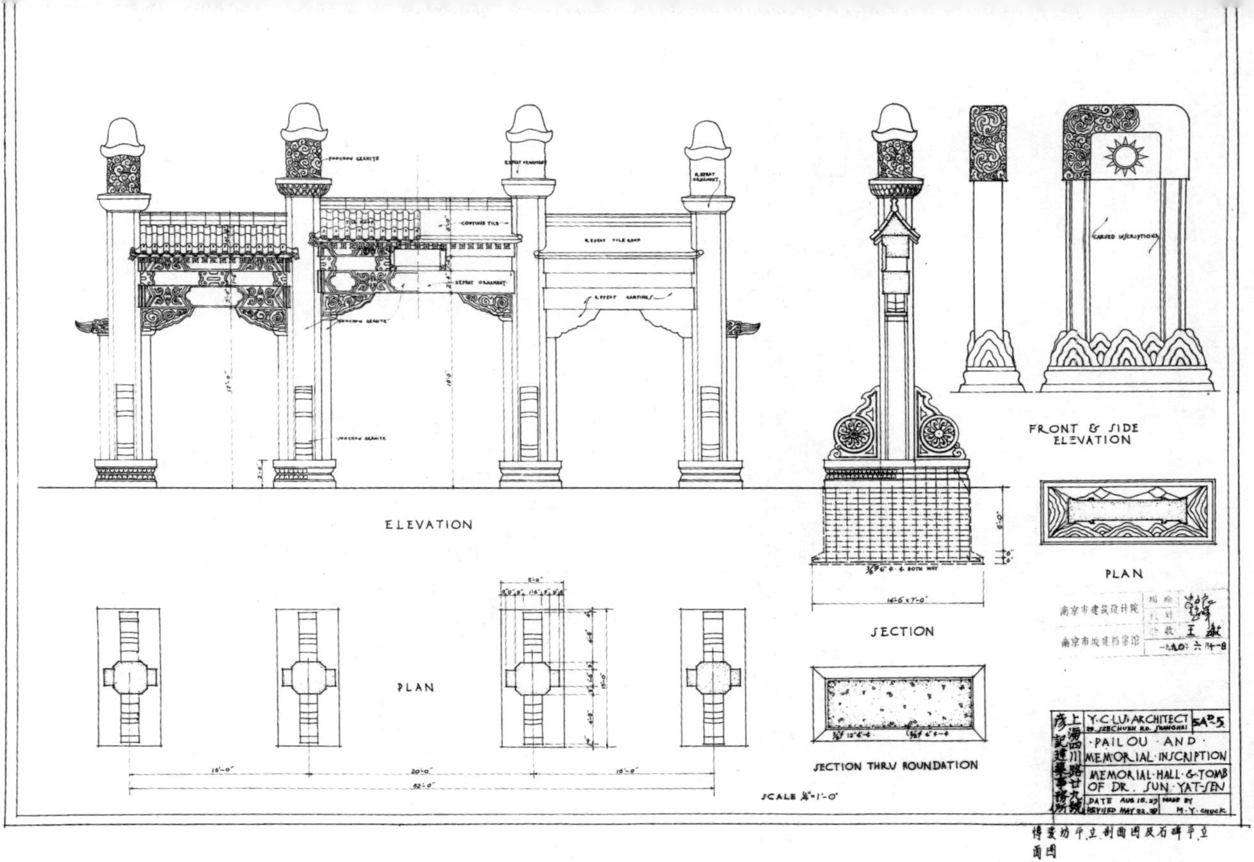

施工图 32——博爱坊平正剖面、石碑平立面图（彦记建筑事务所 1927 年 8 月 15 日制图，南京市建筑设计院于 1990 年描图复制）

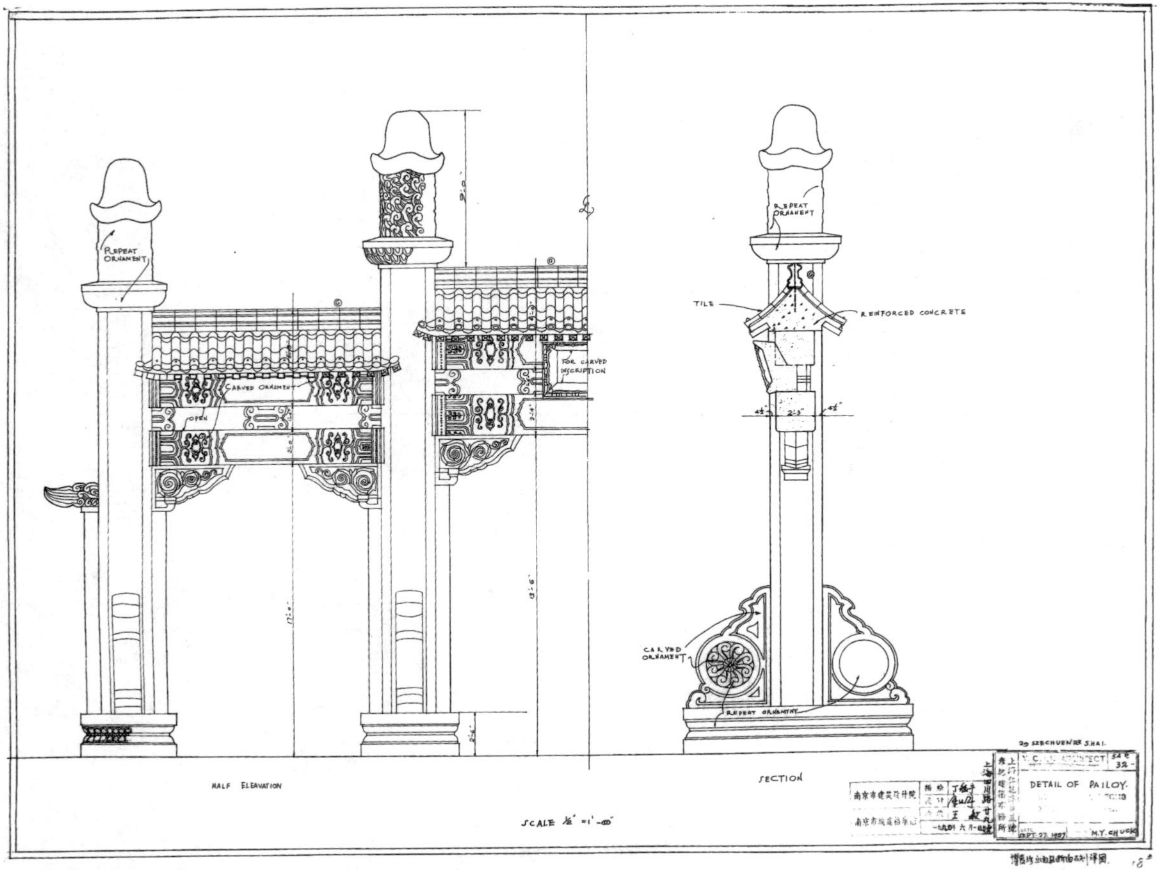

附图 66　青岛市某办公楼立面详图（摘自青岛市档案馆藏图，该工程于1930年兴建，1000年建图有刷）

SECTION

HALF ELEVATION

SCALE ½" = 1'-0"

REINFORCED CONCRETE

R.SPLAT ORNAMENT

TILS

R.SPLAT ORNAMENT

C.&L'TND CARVED ORNAMENT

CARVED ORNAMENT

R.SPLAT ORNAMENT

CARVED ORNAMENT

FOR CARVED DESCRIPTION

DETAIL OF BALLOY

38.

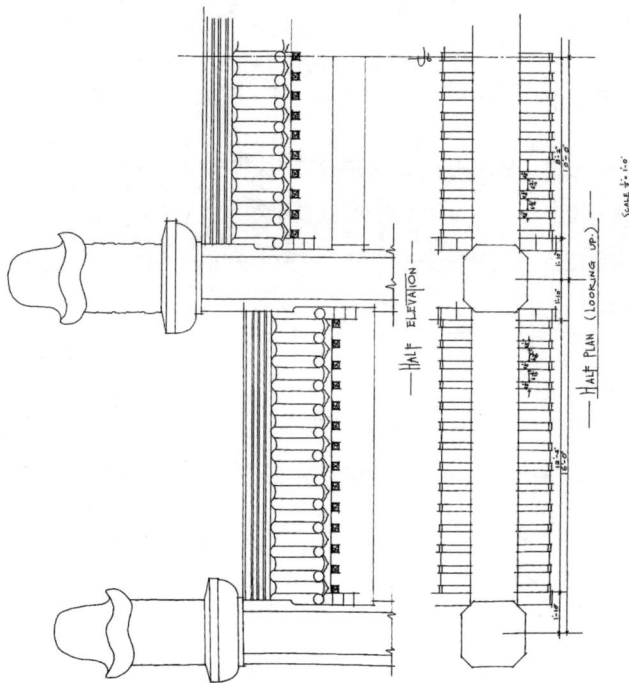

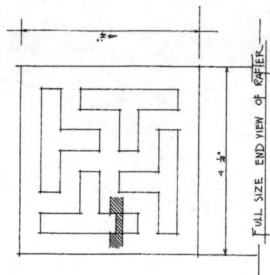

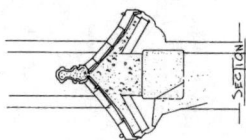

FULL SIZE END VIEW OF RAFTER.

SECTION

HALF ELEVATION

HALF PLAN (looking up)

SCALE ½"=1'0"

Y. C. LIU. ARCHITECT SHEET23
DETAIL OF PAILOU
SHOWING RAFTER
CHUNG LI HALL & TOMB
OF Dr. SUN YAT. SEN.

博爱坊椽详图.

施工图 34——博爱坊檐椽详图（彦记建筑事务所 1929 年 11 月 18 日制图，南京市建筑设计院于 1990 年描图复制）

CONTINUE CARVING/

REPEAT

施工图 35——博爱坊抱鼓及须弥座大样（彦记建筑事务所 1929 年 11 月 20 日制图，南京市建筑设计院于 1990 年
描图复制）

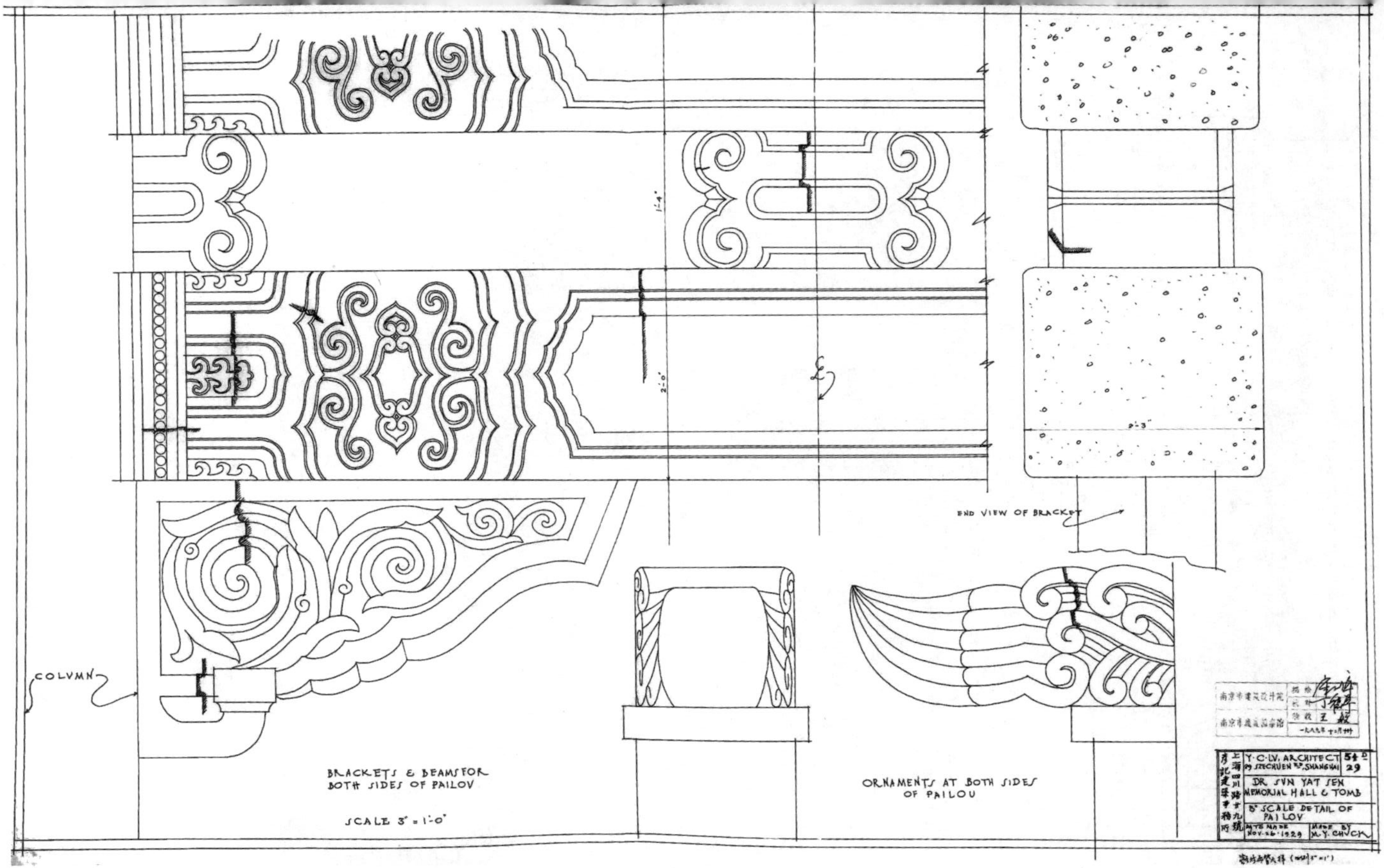
BRACKETS & BEAMS FOR
BOTH SIDES OF PAILOU
SCALE 3" = 1'-0"
COLUMN
ORNAMENTS AT BOTH SIDES
OF PAILOU
END VIEW OF BRACKET
Y. C. LU, ARCHITECT
29 SZECHUEN RD. SHANGHAI
DR. SUN YAT SEN
MEMORIAL HALL & TOMB
3" SCALE DETAIL OF
PAILOU
DATE MADE
NOV-26-1929
MADE BY
K. Y. CHUCK
施工图 36——博爱坊装饰图案（彦记建筑事务所 1929 年 11 月 26 日制图，南京市建筑设计院于 1989 年描图复制）

施工图 37——藻井斗栱梁枋装饰图案（彦记建筑事务所 1926 年 11 月 16 日制图，南京市建筑设计院于 1989 年拷图复制）

SECTION THROW MULLION

SECTION THROW TRAN FOM POAR

LUGS
CAST IRON

LUGS
CAST IRON

SECTION THROW DOOR FRAME

SECTION THROW MEETING STILES

NOTE: DETAIL OF GRILLE TO BE SAME FOR
ALL DOORS IN DESIGN BUT DIFFERENT
IN SIZE ACCORDING TO ½ SCALE
DETAILS SHOP DRAWINGS TO BE MADE
IN PROPER PROPORTION FOR EACH TYPE
THIS F S DETAIL GIVING ONLY THE DESIGN
TO BE FOLLOWED

TY C LU. ARCHITECT
WILL GATE TO ENTRANCE
MEMORIAL HALL & TOMB
OF DR SUN YAT SEN

施工图 38——门厅铜门足尺大样（彦记建筑事务所 1929 年 11 月 19 日制图，南京市建筑设计院于 1990 年描图复制）

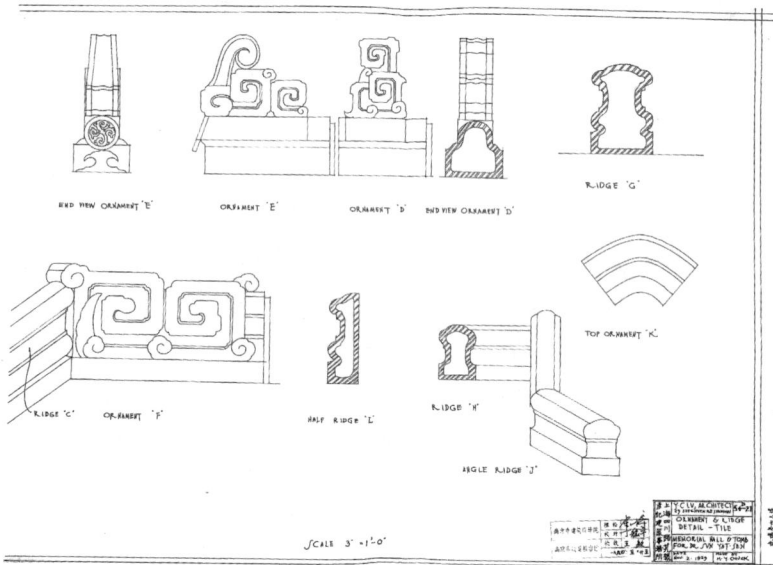

施工图 39——脊饰之一（彦记建筑事务所 1929 年 11 月 2 日制图，南京市建筑设计院于 1990 年描图复制）

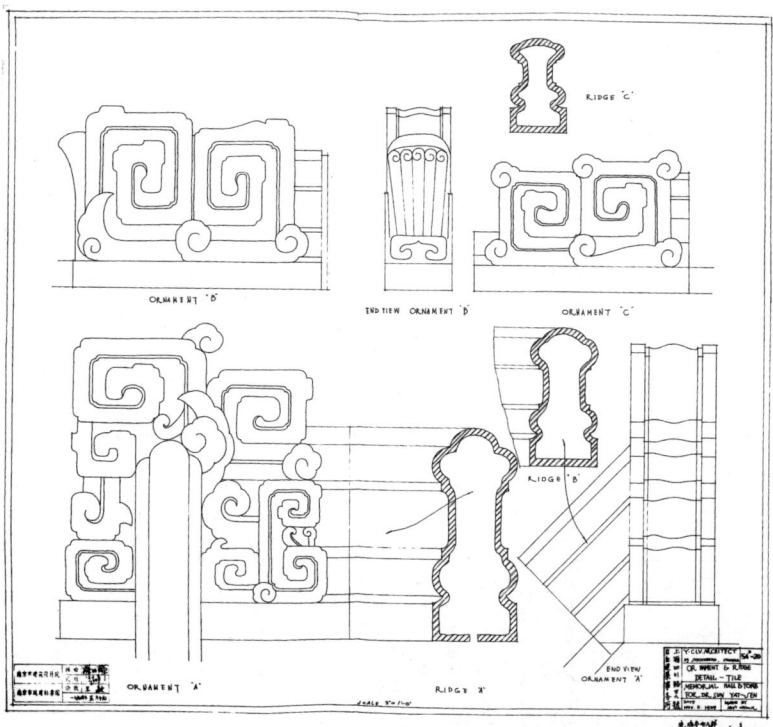

施工图 40——脊饰之二（彦记建筑事务所 1929 年 11 月 2 日制图，南京市建筑设计院于 1990 年描图复制）

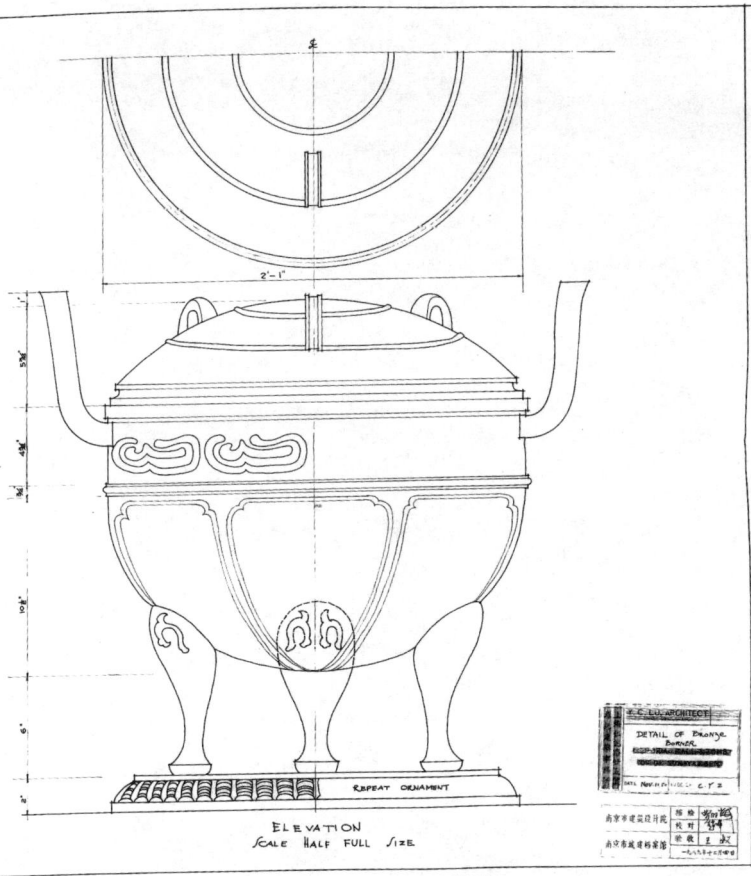

施工图 41——铜鼎（彦记建筑事务所 1930 年 11 月 11 日制图，南京市建筑设计院于 1989 年描图复制）

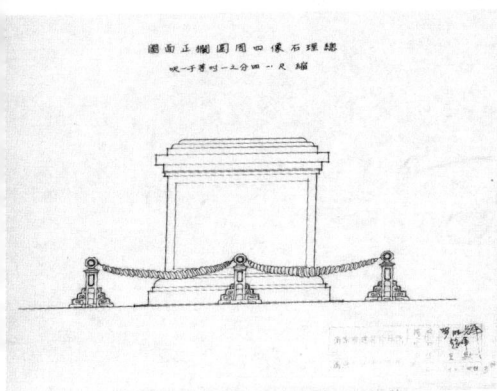

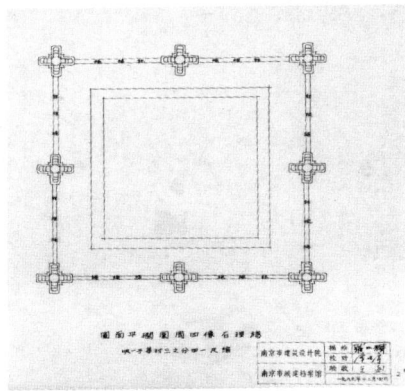

施工图 42——铜像基座（彦记建筑事务所制图，日期不详，南京市建筑设计院于 1989 年描图复制）

总理陵园全图（左半）（彦记建筑事务所绘制，日期不详）

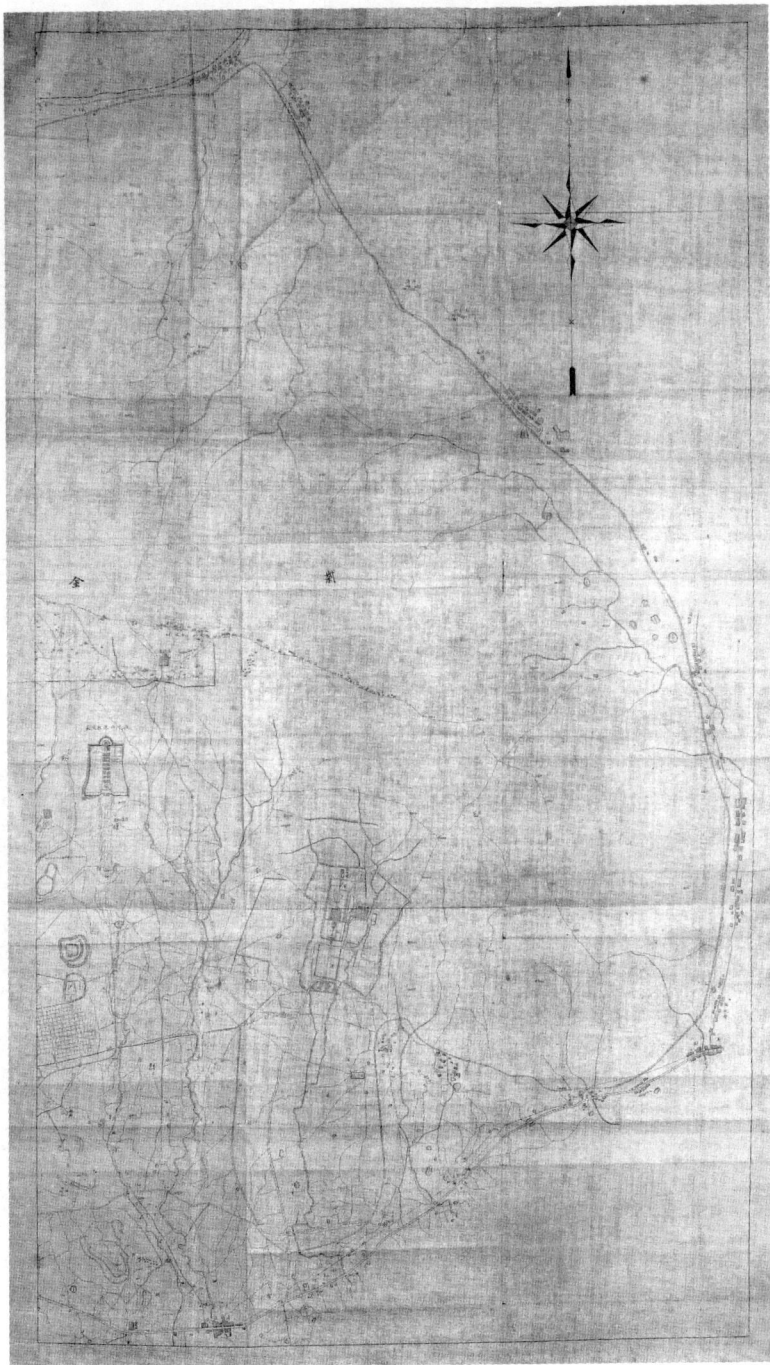

总理陵园全图（右半）（彦记建筑事务所绘制，日期不详）

（三）中山陵旧影

中山陵第一、二部工程竣工（1929年4月）——祭堂全景（殷力欣收藏）

中山陵第一、二部工程竣工（1929年4月）——鸟瞰（南京孙中山纪念馆提供）

中山陵第二部工程竣工——祭堂前之华表（黄檀甫旧藏）

中山陵第三部工程竣工——陵门，摄于1931年9月15日（黄檀甫旧藏）

中山陵第三部工程竣工——牌坊，摄于1931年9月15日（黄檀甫旧藏）

中山陵第三部工程竣
工——碑亭与陵门，摄于
1931 年 10 月 10 日（黄檀
甫旧藏）

全部竣工后的中山陵全景，
摄于 1932 年（黄檀甫旧藏）

全部竣工后的中山陵祭堂，摄于 1932 年
（殷力欣收藏）

全部竣工后的中山
陵祭堂与华表，摄
于 1932 年（殷力欣
收藏）

全部竣工后的中山
陵祭堂与墓室 1，
摄于 1932 年（殷力
欣收藏）

全部竣工后的中山
陵祭堂与墓室 2，
摄于 1932 年（殷力
欣收藏）

奉安大典时的中山陵祭堂内景，摄于
1929年6月（殷力欣收藏）（左）

祭堂内安放的保罗·朗特斯基创作孙
中山先生像，摄于1929年6月（殷力
欣收藏）（右）

奉安大典时的中山陵祭堂内之西南耳
室，摄于1929年6月（殷力欣收藏）

祭堂藻井，摄于1929年6月
（殷力欣收藏）

通往墓室之铜门旧影（殷力欣收藏）

中山陵甬道上安放的奉安大鼎旧影（殷力欣收藏）

墓室穹顶旧影（殷力欣收藏）

陵园牌坊前之宝鼎旧影（殷力欣收藏）

墓圹及孙中山先生卧像旧影（殷力欣收藏）

（四）中山陵现状

中山陵鸟瞰，摄于21世纪初（中山陵管理局提供）

中山陵全景，摄于21世纪初（中山陵管理局提供）

博爱坊（殷力欣摄于2008年，下同）

博爱坊局部（殷力欣
摄）（左）

博爱坊前之孝经鼎（殷
力欣摄）（右）

陵门正面（刘锦标摄）

陵门——内景（殷力
欣摄）（左）

陵门中央门道（刘锦
标摄）（右）

东守卫室（殷力欣摄）（左）

陵门前之石狮（殷力欣摄）（右）

自陵门平视碑亭（刘锦标摄）

葬事碑（刘锦标摄）（左）

自碑亭远眺祭堂（殷力欣摄）

（右）

奉安大典铜鼎（甬道西侧）
（殷力欣摄）

奉安大典铜鼎残留的日军弹痕
（殷力欣摄）

墓道与祭堂全景（殷力欣摄）（上）

东亚醒狮（甬道东侧）（殷力欣摄）
（中左）

东亚醒狮（甬道西侧）（殷力欣摄）
（中右）

祭堂全景（殷力欣摄）（下）

祭堂近景，摄于 21 世纪初（中山陵管理局提供）

祭堂正门（刘锦标摄）

祭堂正面局部（刘锦标摄）

祭堂重檐局部（殷力欣摄）

祭堂奠基碑（殷力欣摄）

祭堂屋盖山面（殷力欣摄于 2009 年 2 月，下同）

祭堂屋盖铺作层（殷力欣摄）

祭堂屋脊正吻（刘锦标摄）

祭堂屋脊瓦饰（刘锦标摄）

祭堂前之华表（东）（殷力欣摄）

墓室外景全景（殷力欣摄）

墓室外景俯视（殷力欣摄）

祭堂内景（殷力欣摄）（左）

祭堂内梁架彩画（殷力欣摄）（右）

国大纲碑刻局部（殷力欣摄）

祭堂内之纪念雕像（殷力欣摄）

中山坐像局部（殷力欣摄）

基座东侧面浮雕（殷力欣摄）

室内景（刘锦标摄）

墓室天花（刘锦标摄）

石棺及卧像（刘锦标摄）

自祭堂俯视碑亭（殷力欣摄）

广州中山纪念堂及纪念碑设计

广州中山堂及纪念碑：原称"广州孙中山纪念堂"，为一组自广州越秀山下绵延至越秀山腰，包括纪念堂与纪念碑两部分的完整建筑组群，今习惯性地视为两个独立的纪念建筑，分称广州中山纪念堂、广州中山纪念碑。吕彦直于1926年设计并监理施工。主体工程于1931年10月竣工，全部工程于1933年5月告竣。此建筑群为"中国固有式建筑"的典范之作。

（一）广州中山纪念堂及纪念碑设计，测绘图选

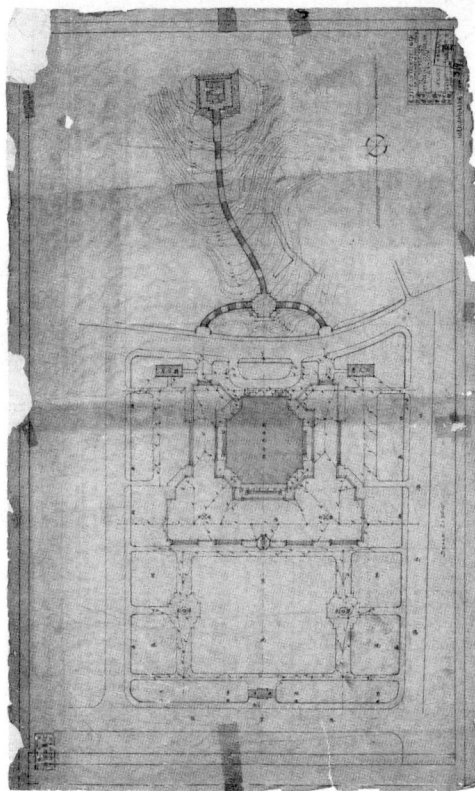

广州中山纪念堂及纪念碑总地盘图(绘制于1932年6月，广州中山纪念堂管理处提供）

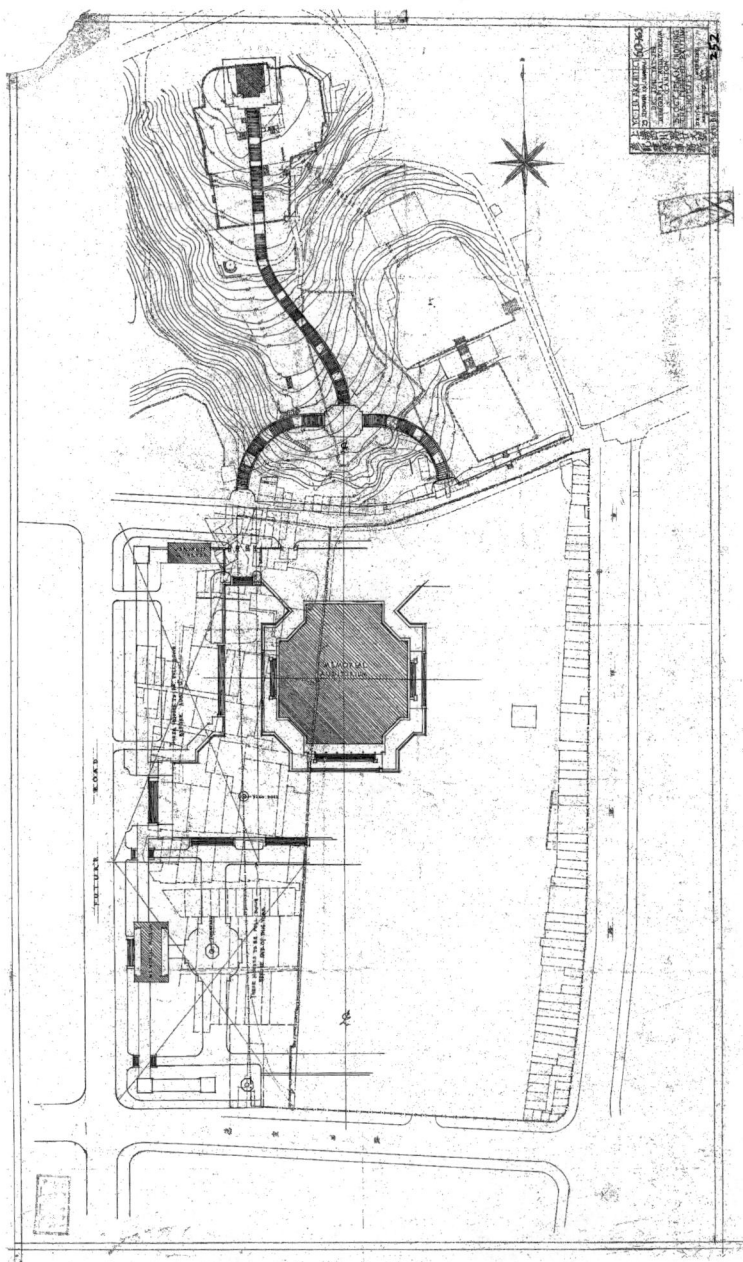

彦记建筑事务所 1929 年 5 月 5 日设计图（原件藏广州市国家档案馆）

设计竞赛方案图之
一——中山纪念
堂及纪念碑总平
面图（吕彦直绘
于1926年3~7月，
黄檀甫旧藏）

设计竞赛方案图之
二——中山纪念
堂及纪念碑整体效
果图（吕彦直绘
于1926年3~7月，
黄檀甫旧藏）

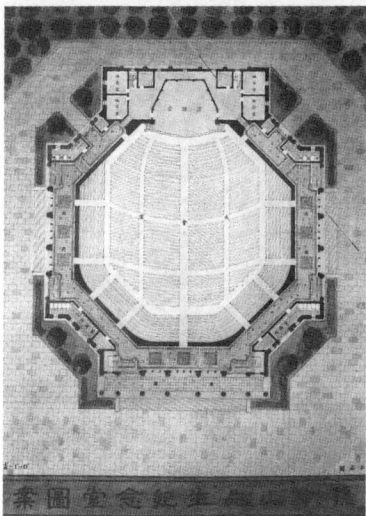

设计竞赛方案图之三——纪念堂平面图（吕
彦直绘于1926年3~7月，黄檀甫旧藏）

设计竞赛方案图之四——中山纪念堂正立面图（效果）（吕彦直绘于 1926 年 3~7 月，黄檀甫旧藏）

设计竞赛方案图之五——中山纪念堂侧立面图（效果）（吕彦直绘于 1926 年 3~7 月，黄檀甫旧藏）

设计竞赛方案图之六——中山纪念堂剖面图（效果）（吕彦直绘于1926年3~7月，黄檀甫旧藏）

设计竞赛方案图之七——中山纪念堂立面侧影图（效果）（吕彦直绘于1926年3~7月，黄檀甫旧藏）

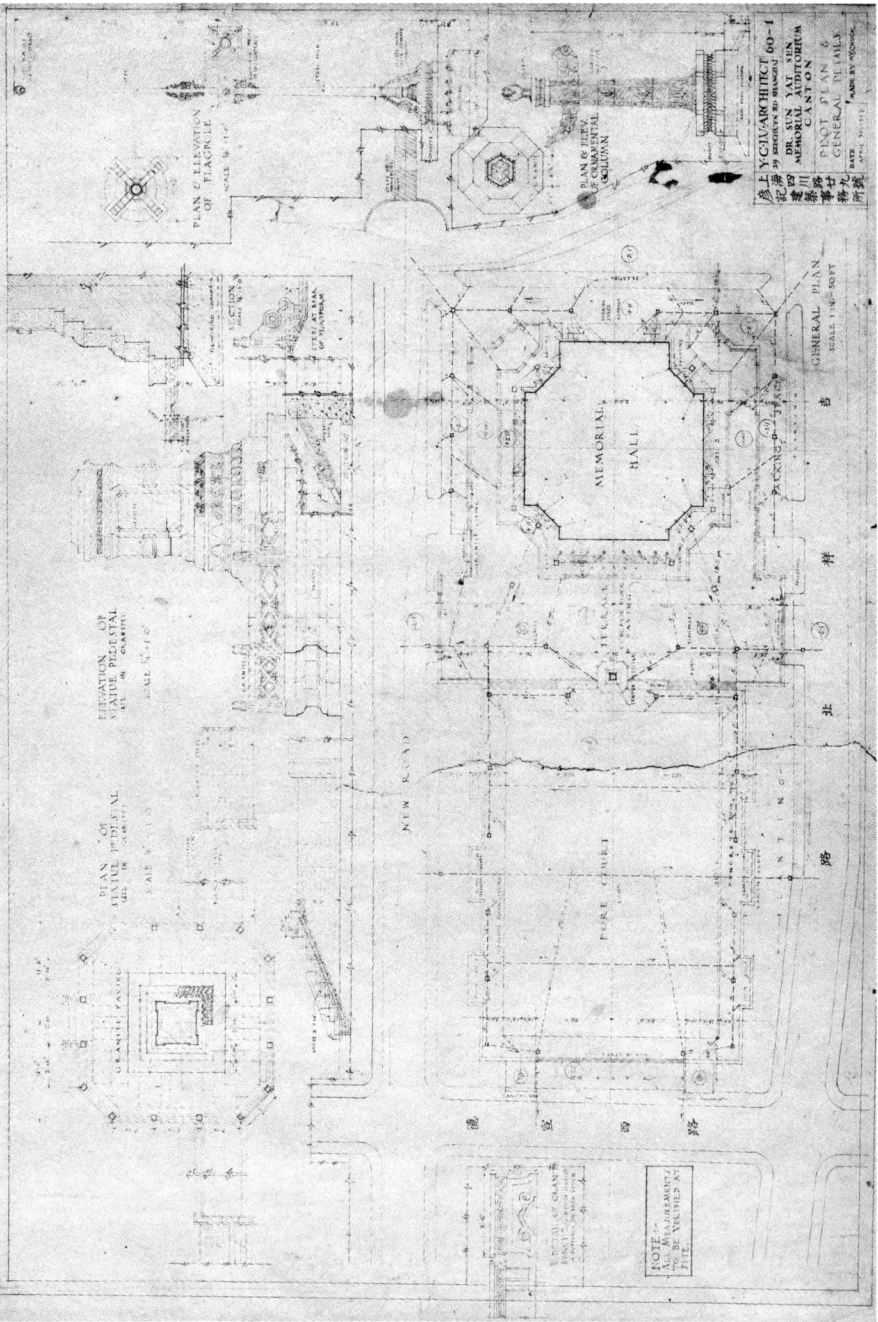

广州中山纪念堂设计详图之一 ——局部—华表设计

PLAN & ELEV.
OF ORNAMENTAL
COLUMN

上海四川路廿九号
彦记建筑事务所

Y·C·LU·ARCHITECT 60-1
29 SZECHUEN RD SHANGHAI
DR. SUN YAT SEN
MEMORIAL AUDITORIUM
CANTON
PLOT PLAN &
GENERAL DETAILS
DATE   MADE BY MYCHUCK
APRIL 30,1927

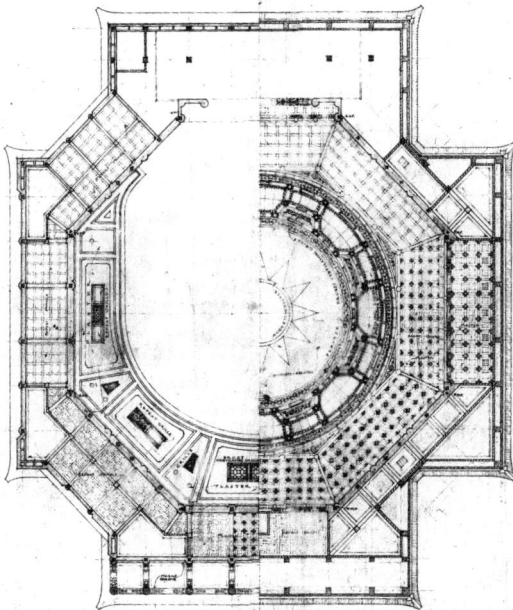

HALF CEILING PLAN OF AUDITORIUM   HALF CEILING PLAN OF CORRIDOR

上海四川路廿九号
彦记建筑事务所

Y·C·LU·ARCHITECT 60-5
29 SZECHUEN RD SHANGHAI
DR. SUN YAT SEN
MEMORIAL AUDITORIUM
CANTON
CEILING PLANS
DATE
APRIL 30,1927

州中山纪念堂设计详图之二——平面 1（彦记建筑事务所 1927 年 4 月 30 日绘制）

PARKING SPACE

ASPHALT CONCRETE

CONCRETE BLOCK PAVING

STAGE

AUDITORIUM

PORTICO

VESTIBULE

CLOSET

CONCRETE BLOCK PAVING

PARKING SPACE

ASPHALT CONCRETE

Y.C. LIU-ARCHITECT 60-3
IN SOOCHOW AND SHANGHAI
DR. SUN YAT-SEN
MEMORIAL AUDITORIUM
CANTON
AUDITORIUM
FLOOR PLAN
SCALE ⅛" = 1'-0"
DATE
PLAN BY J.MAN
彦上
記念
魯川建築師
孫中山先生
紀念堂

广州中山纪念堂设计详图之四——立面 1（彦记建筑事务所 1927 年 4 月 30 日绘制）

SUN YAT SEN AUDITORIUM CANTON

SIDE ELEVATION (EAST)

PART ELEVATION OF ...

PLAN THRU BASEMENT BUILDING AT 'A'

SECTION THROUGH SIDE WALL

SECTION THROUGH REAR WALL

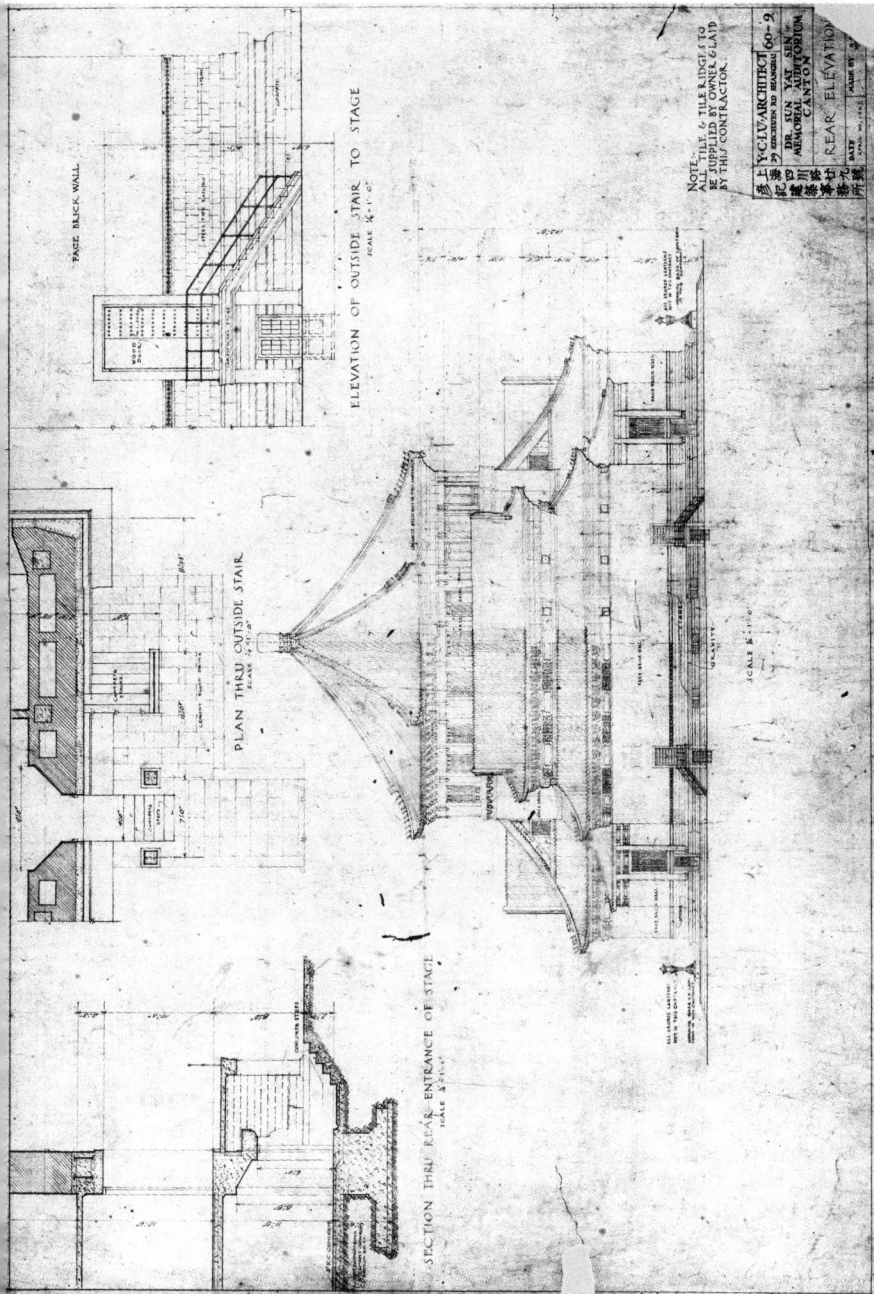

FACE BRICK WALL

ELEVATION OF OUTSIDE STAIR TO STAGE
SCALE 1/4" = 1'-0"

PLAN THRU OUTSIDE STAIR
SCALE 1/4" = 1'-0"

SECTION THRU REAR ENTRANCE OF STAGE
SCALE 1/4" = 1'-0"

SCALE 1" = 1'-0"

FACE BRICK WALL

NOTE: TILE FOR TILE RIDGE &TO ALL TO BE SUPPLIED BY OWNER & LAID BY THE CONTRACTOR.

彥 Y.C.LU ARCHITECT
上海 29 KIUKIEN RD SHANGHAI
紀 DR. SUN YAT SEN
念 MEMORIAL BUILDING
堂 CANTON
之四

REAR ELEVATION

繪圖
覆審
事務 DATE
所圖 SCALE
號數

60-9

广州中山纪念堂设计详图之六——立面 3（彦记建筑事务所 1927 年 4 月 30 日绘制）

（广州中山纪念堂设计图纸八十六张）下图（原为1∕8图 D∕D 年 90 月 20 日）

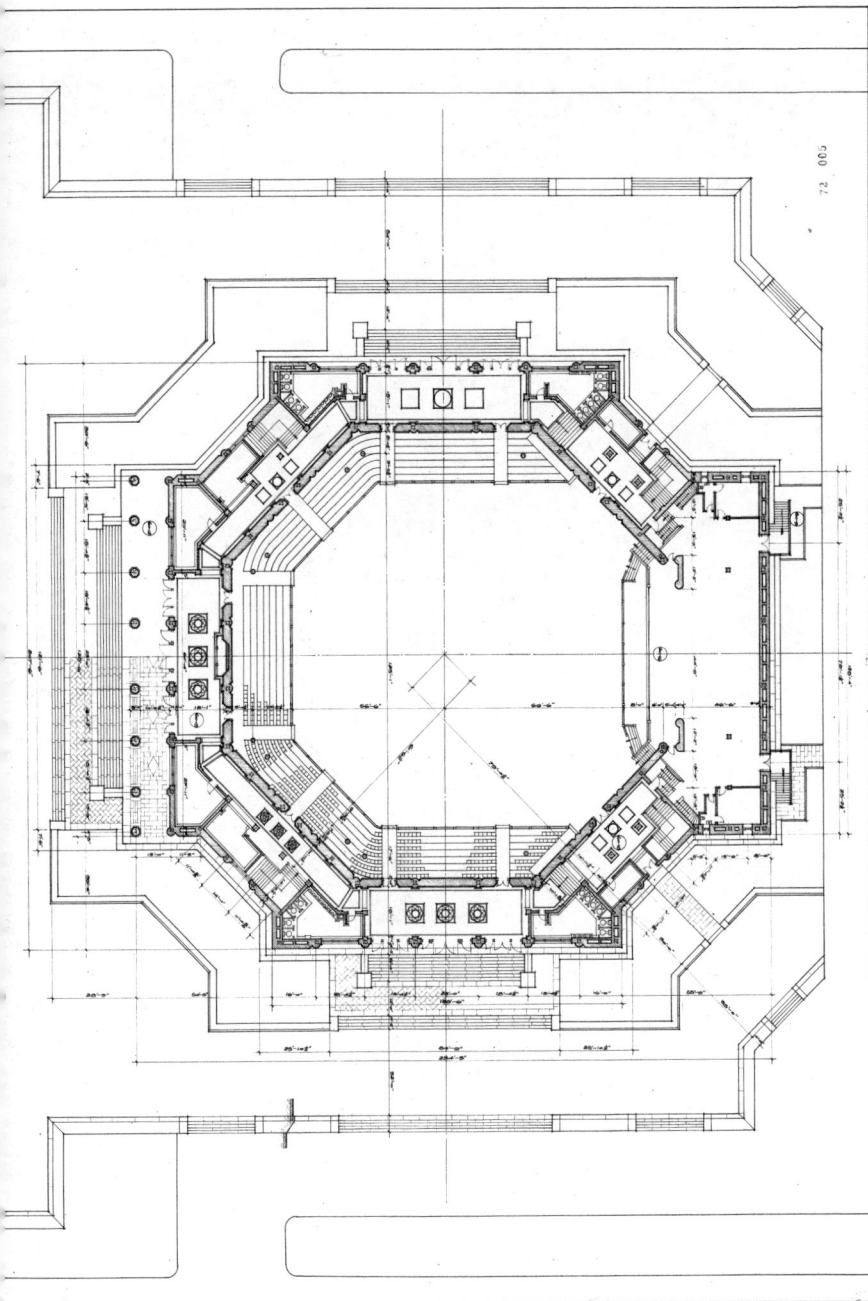

测绘图 1——纪念堂一层平面图（1958 年广州设计院）

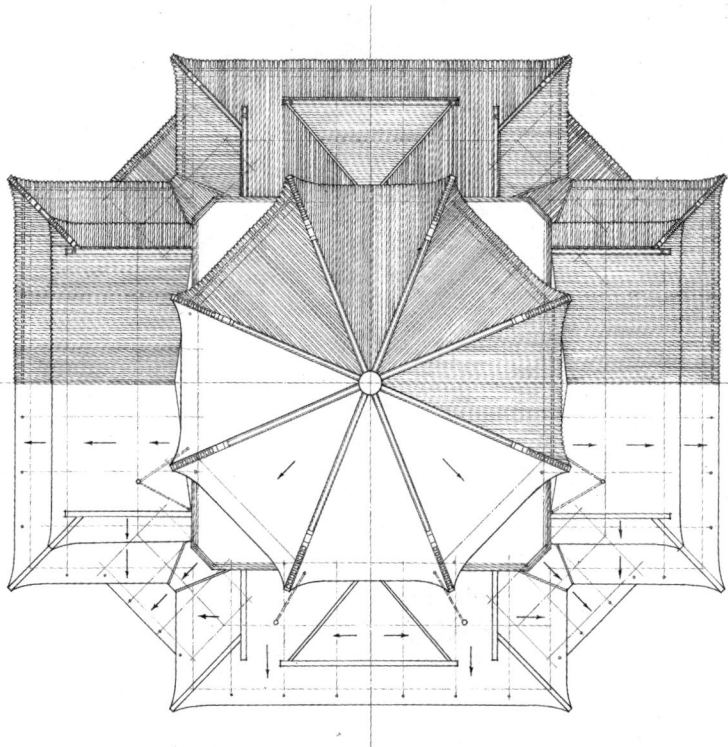

测绘图 2——纪念堂顶层平面图（1958 年广州设计院）

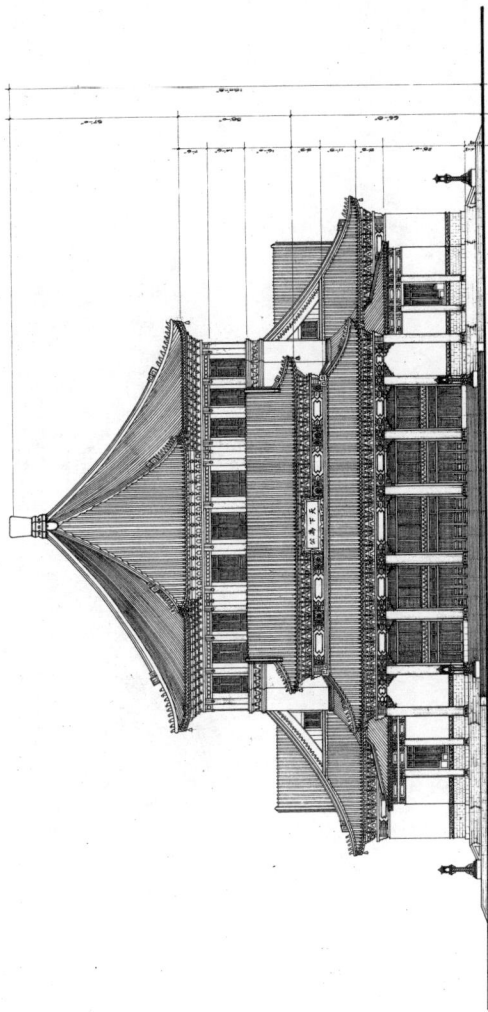

测绘图 3——纪念堂正立面图（1958 年广州设计院）

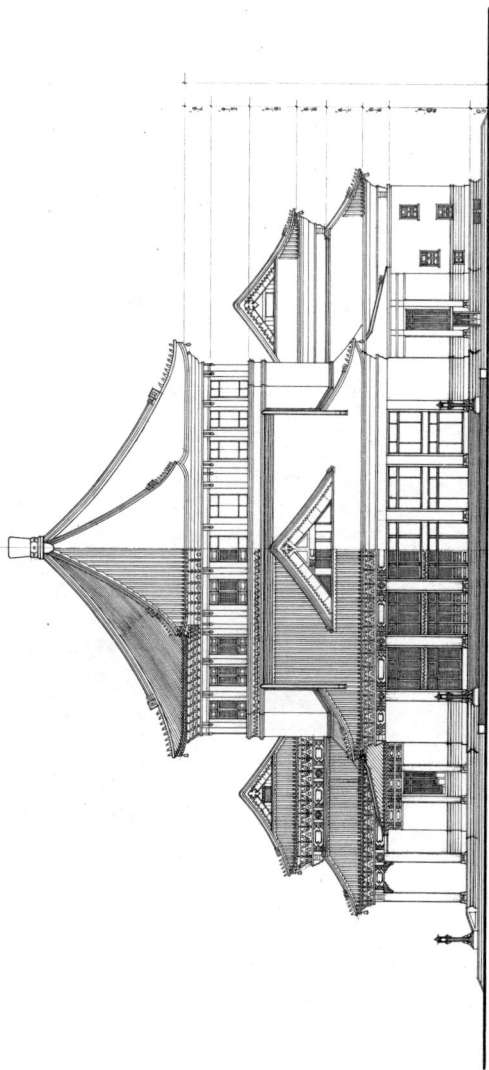

测绘图 4——纪念堂侧立面图（1958 年广州设计院）

72.00。

测绘图 5——纪念堂剖面图（1998 年广州设计院）

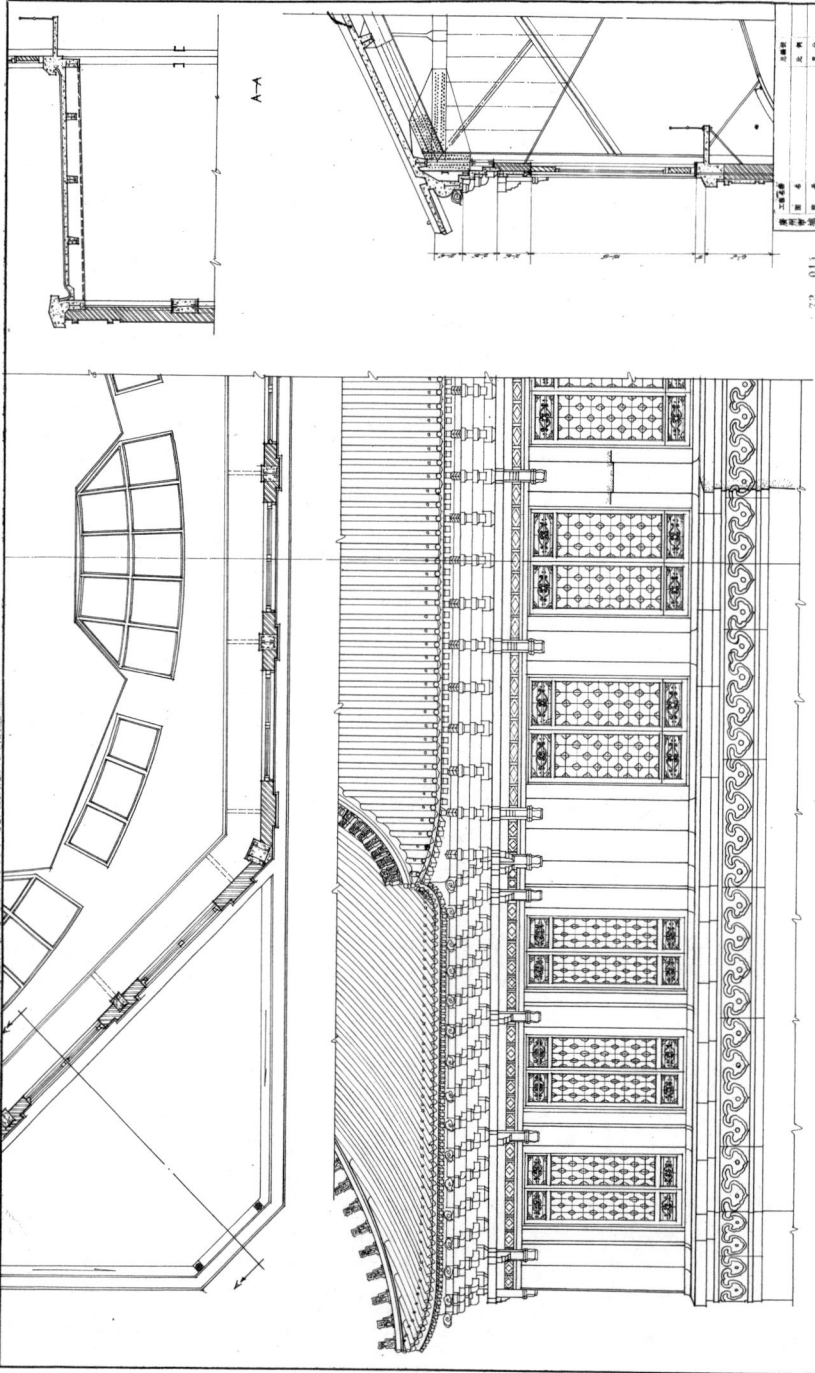

测绘图——9 清东陵定东陵隆恩殿全剖面图（1986年九月下旬）

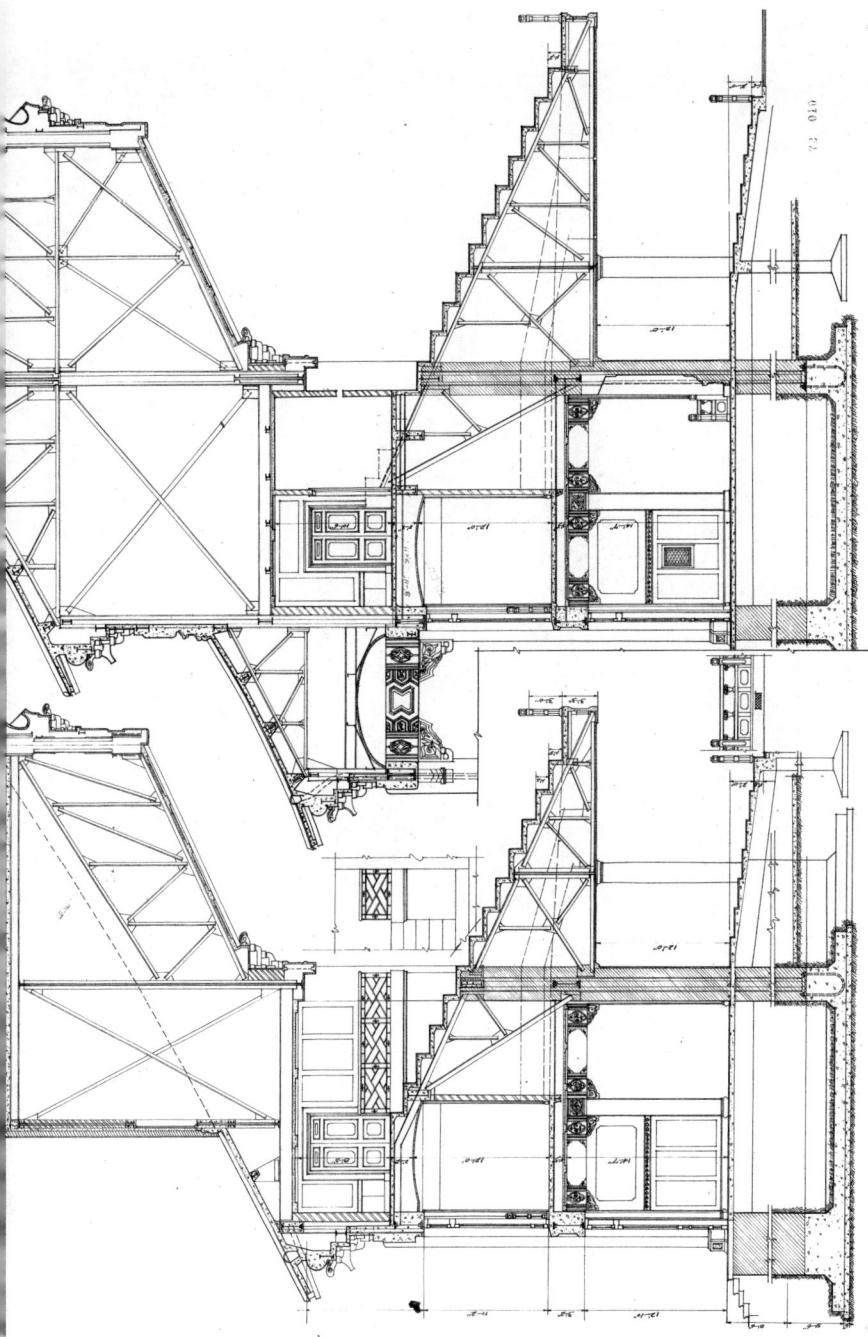

測繪圖7——紀念堂牆身大樣圖（1958 年广州設計院）

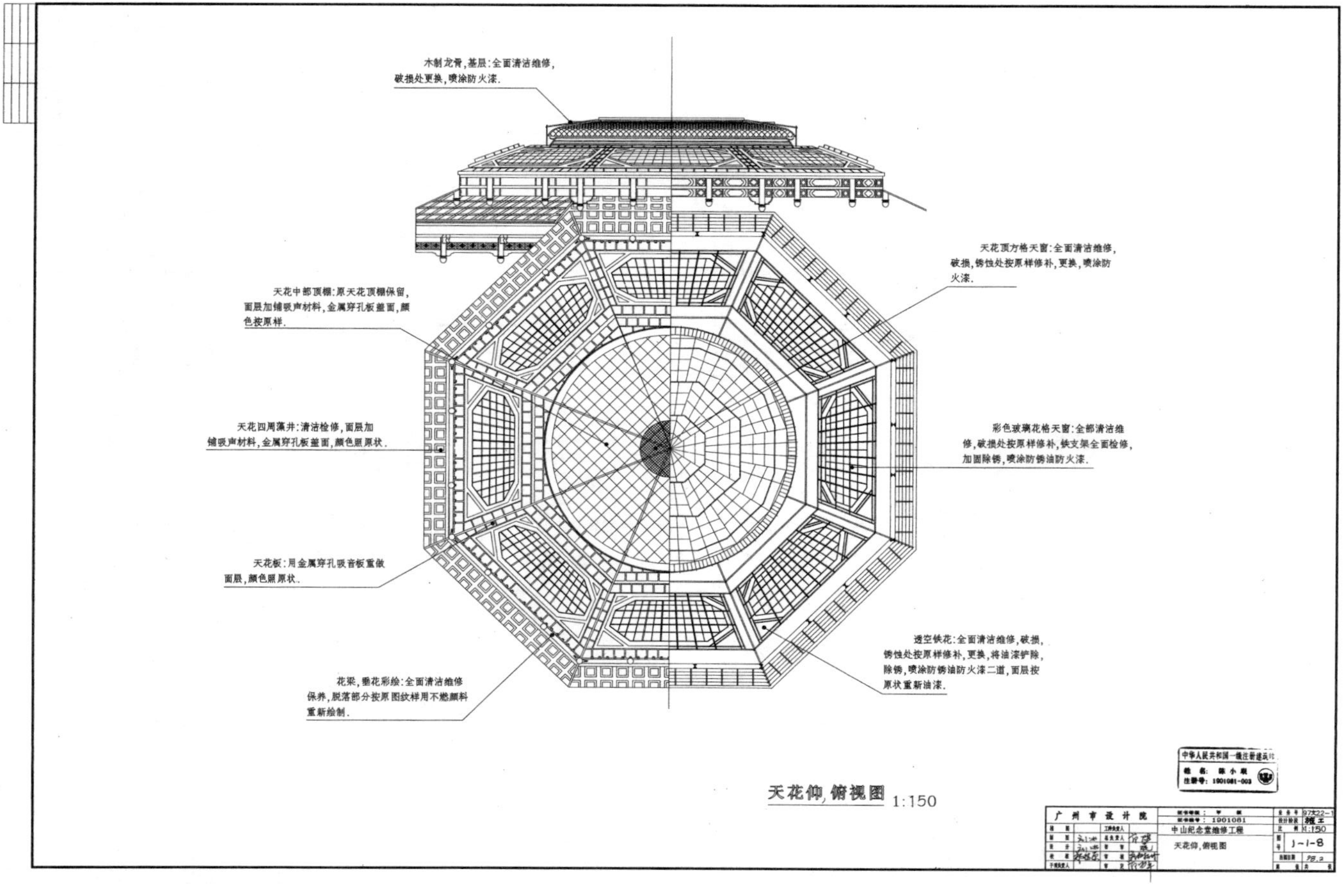

木制龙骨，基层：全面清洁维修，
破损处更换，喷涂防火漆。
天花中部顶棚：原天花顶棚保留，
面层加铺吸声材料，金属穿孔板盖面，颜
色按原样。
天花四周藻井：清洁检修，面层加
铺吸声材料，金属穿孔板盖面，颜色照原状。
天花板：用金属穿孔吸音板重做
面层，颜色照原状。
花梁，垂花彩绘：全面清洁维修
保养，脱落部分按原图纹样用不燃颜料
重新绘制。
天花顶方格天窗：全面清洁维修，
破损，锈蚀处按原样修补，更换，喷涂防
火漆。
彩色玻璃花格天窗：全部清洁维
修，破损处按原样修补，铁支架全面检修，
加固除锈，喷涂防锈油防火漆。
透空铁花：全面清洁维修，破损，
锈蚀处按原样修补，更换，将油漆铲除，
除锈，喷涂防锈油防火漆二道，面层按
原状重新油漆。
天花仰，俯视图 1:150
广州市设计院
中山纪念堂维修工程
天花仰，俯视图
1:150
J-1-8

测绘图 8——纪念堂天花仰俯视图（1998 年广州设计院）

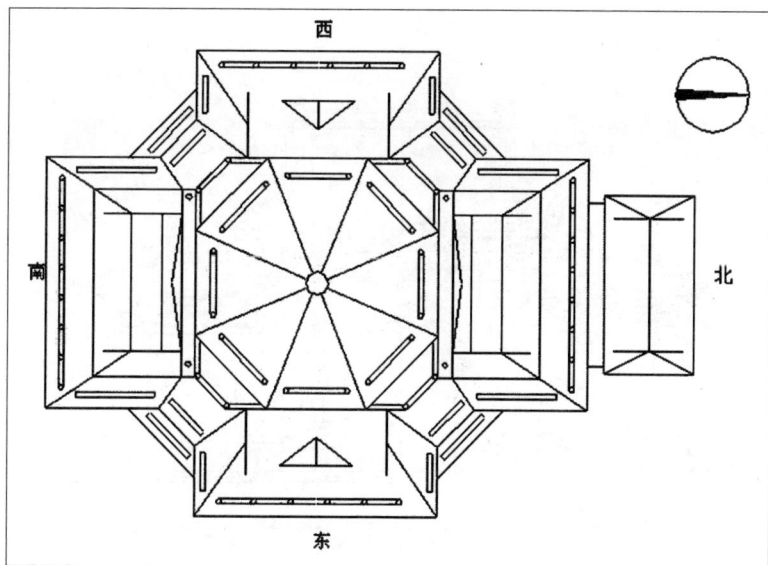

测绘图 9——纪念堂排水设计

附录：《中国建筑》1933 年 7 月第 1 卷第 1 期(此图为吕彦直手笔或纪念堂竣工后的他人写生画稿，目前没有定论。笔者以为后者的可能性较大)

HALF FRONT ELEVATION   HALF REAR ELEVATION

SIDE ELEVATION

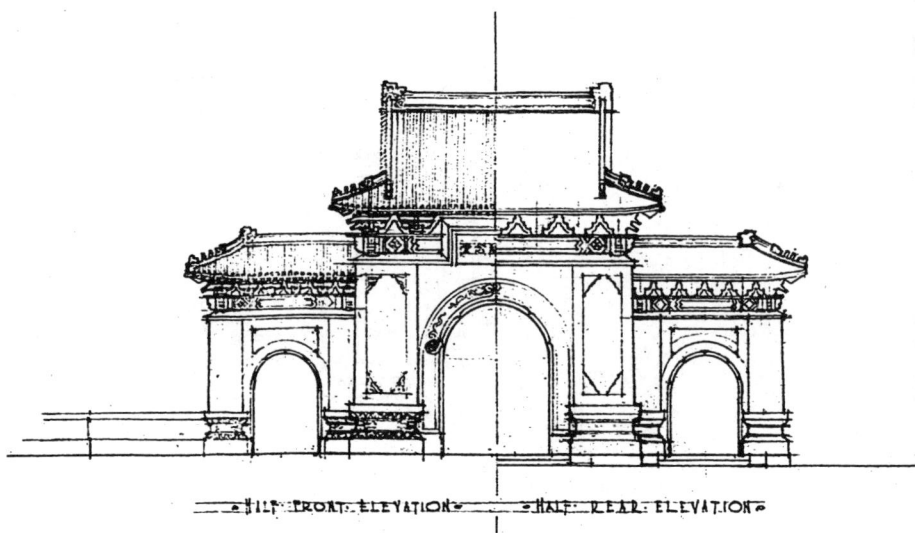

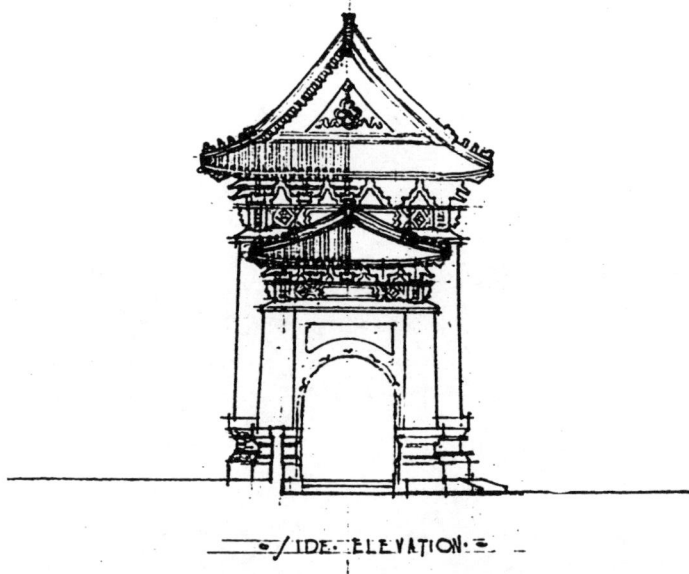

广州中山纪念堂设计详图之八——纪念堂南门楼设计图1（彦记建筑事务所制图，原件藏广州市国家档案馆）

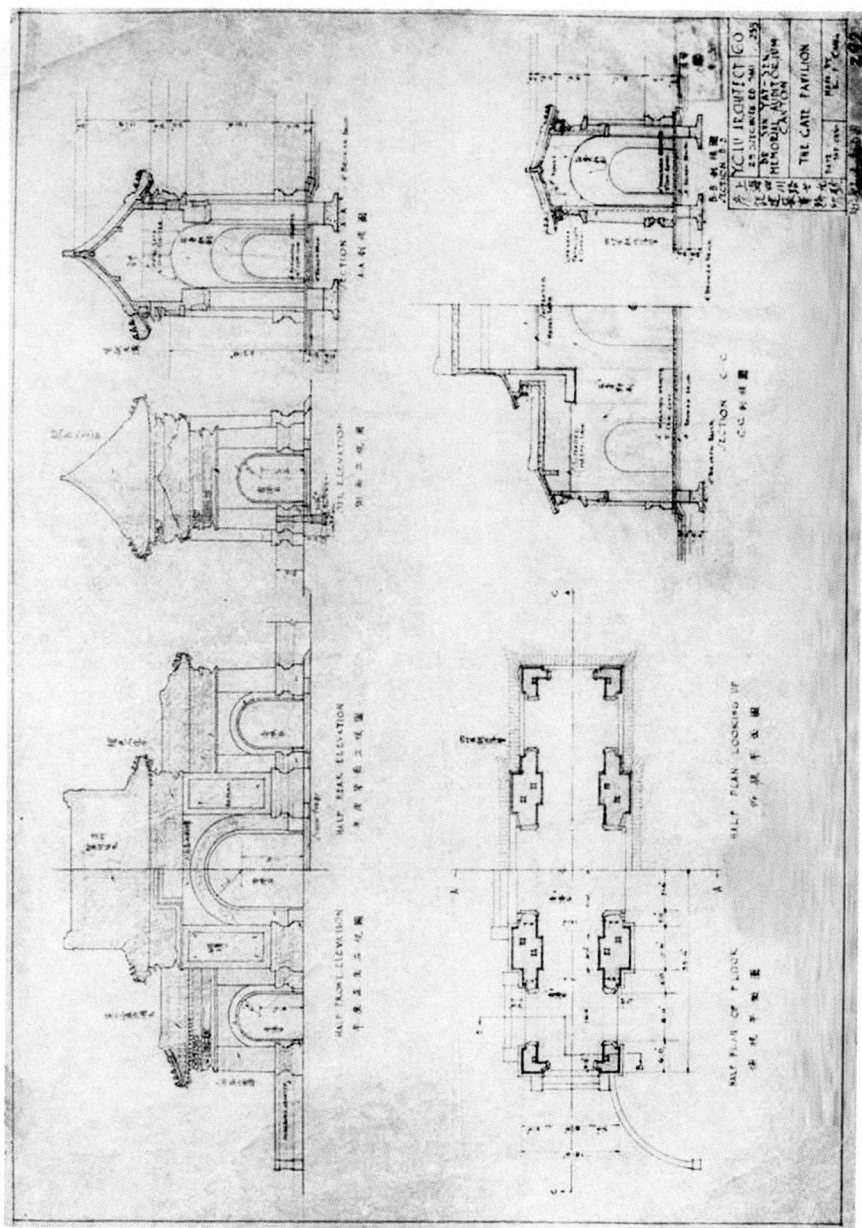

广州中山纪念堂设计详图之九——纪念堂南门楼设计图 2（彦记建筑事务所制图，原件藏广州市国家档案馆）

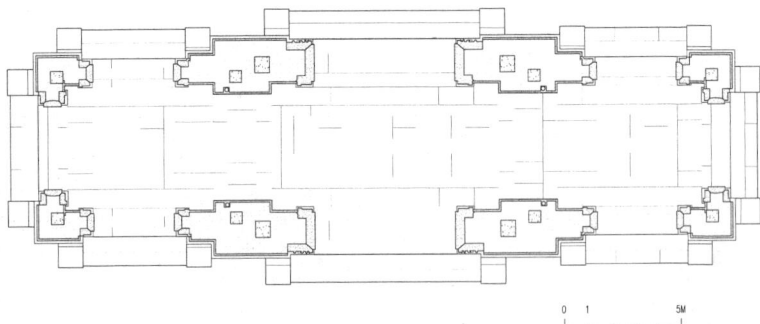

纪念堂南门楼测绘图——平面（2008年南京大学城建学院绘制）

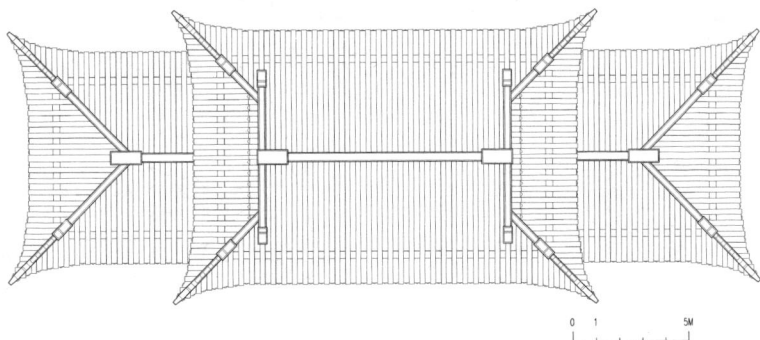

纪念堂南门楼测绘图——屋顶平面（2008年南京大学城建学院绘制）

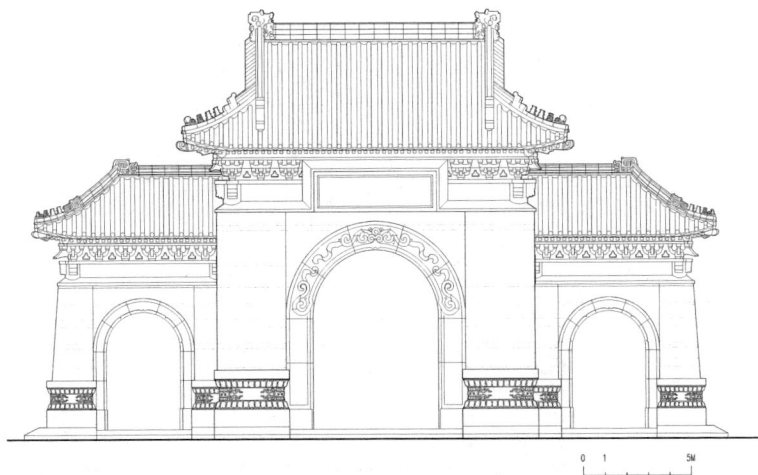

纪念堂南门楼测绘图——立面（2008年南京大学城建学院绘制）

纪念堂南门楼测绘图——侧立面面（2008 年南京大学城建学院绘制）

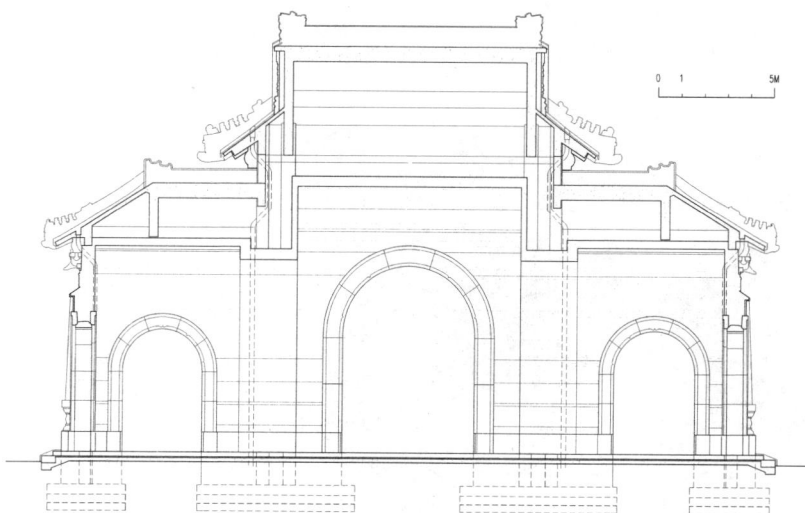

纪念堂南门楼测绘图——纵剖面面（2008 年南京大学城建学院绘制）

235

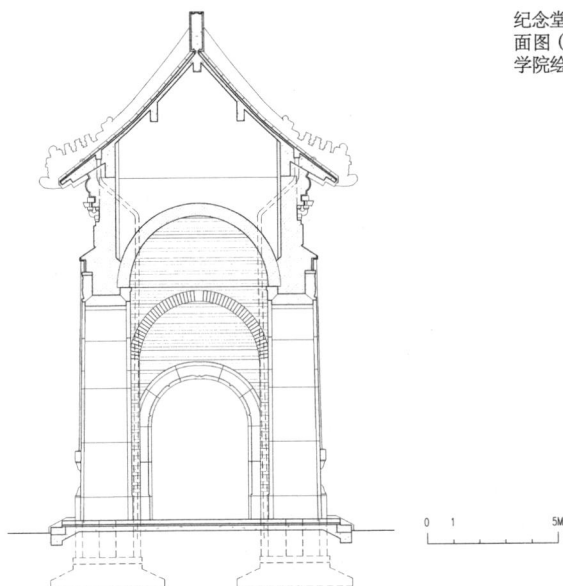

孫中山先生紀念碑圖案

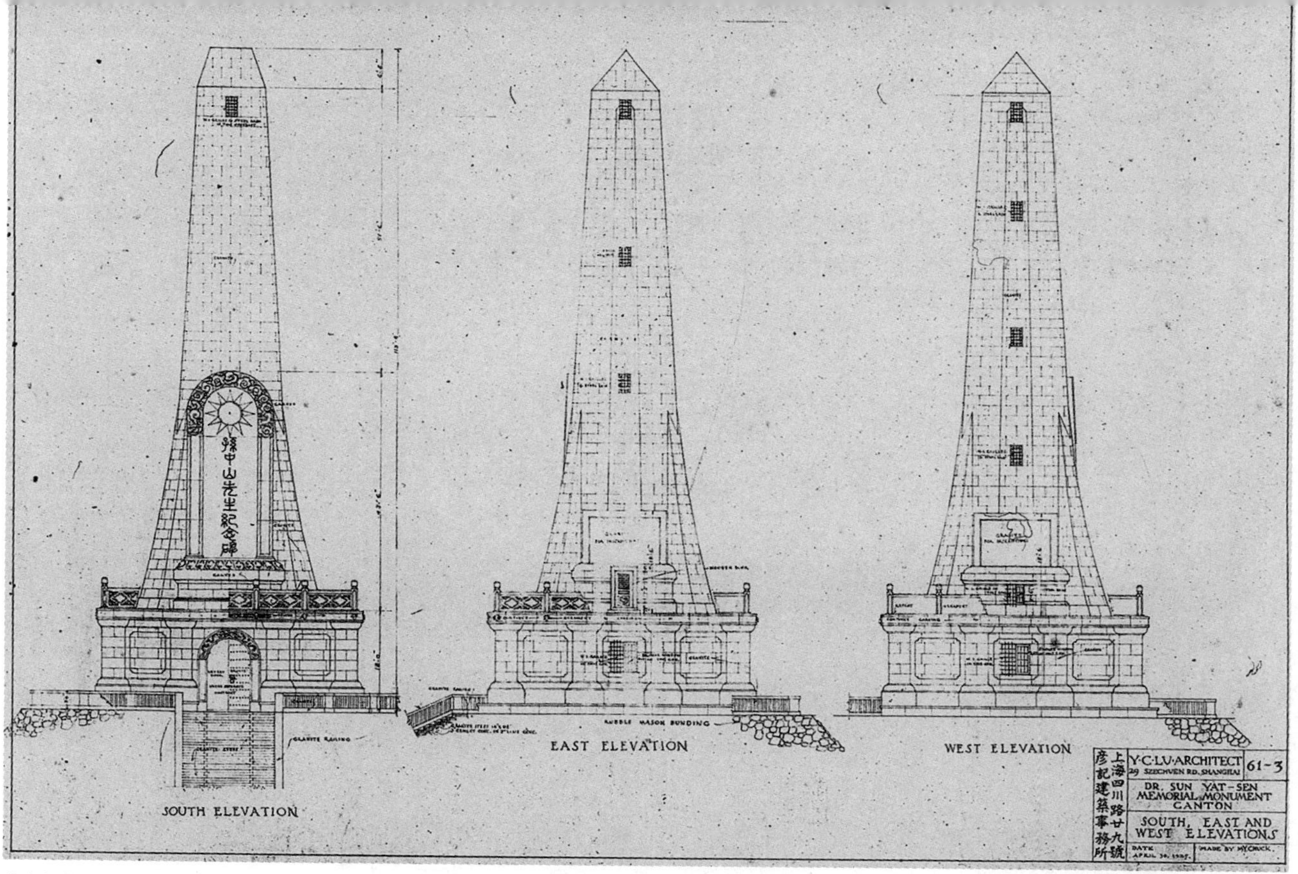

中山纪念碑设计图 1（彦记建筑事务所 1927 年 4 月 30 日绘制，原件藏广州市国家档案馆）

WEST ELEVATION

EAST ELEVATION

SOUTH ELEVATION

Y.C.LU/ARCHITECT 61-3
DR. SUN YAT-SEN
MEMORIAL MONUMENT
CANTON
SOUTH, EAST AND
WEST ELEVATIONS
MADE BY: WCOCK

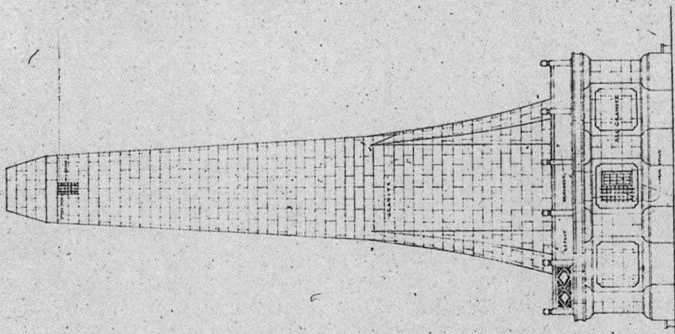

REAR ELEVATION.

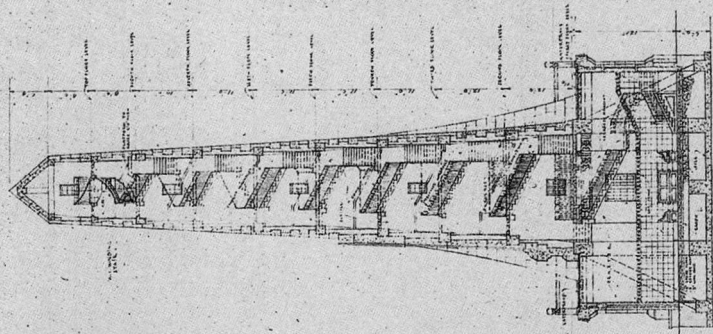

CROSS SECTION THROUGH NORTH AND SOUTH
SCALE ⅛" = 1'-0"

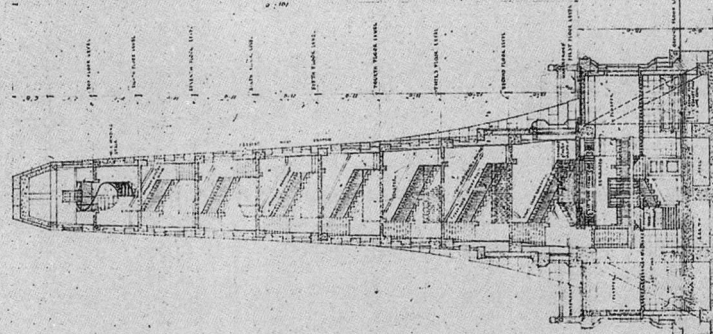

CROSS SECTION THROUGH EAST AND WEST.

彦上 Y.C.LU.ARCHITECT
記念碑
by LEONARD FU SHANG WEI

DR. SUN YAT-SEN
建築 MEMORIAL MONUMENT
事中 REAR ELEVATION, C——
華仲 SECTION THRO. N.& S.
海外 SECTION THRO.
省縣 & SOUTH, EAST & WEST
APRIL 15. 1925

图9 中山纪念碑设计图 2 这张图纸（立面及剖面图约 1927 年 4 月 30 日绘制， 吕彦直遗作之一 纪念堂及纪念碑设计图样）

吕彦直广州中山纪念碑设计图稿（绘于1926年3~7月，选自：China Weekly Review-1928-10-10-p68，赖德霖提供）

（二）广州中山纪念堂及纪念碑旧影

竣工后的纪念堂全景，1931年10月10日（黄檀甫旧藏）

纪念堂竣工图景 1——
着色照，摄于 1931 年
4 月 3 日（黄檀甫旧藏）

纪念堂工程竣工图景
2，摄于 1931 年 4 月 3
日（黄檀甫旧藏）

纪念堂工程竣工图景 3，
摄于 1931 年 9 月 20 日
工程（黄檀甫旧藏）

纪念堂工程竣工图景 4，摄于 1931 年 9 月 23 日工程（黄檀甫旧藏）

纪念堂工程竣工时的内景，摄于 1931 年 6 月 16 日（黄檀甫旧藏）

纪念堂正面门廊，摄于 1931 年 5 月 2 日（黄檀甫旧藏）

1950 年代的纪念堂 1
（殷力欣收藏）

1950 年代的纪念堂 2
（殷力欣收藏）

1950 年代的纪念堂 3
（殷力欣收藏）

中山纪念碑工程竣工，摄于 1931 年 1 月 23 日（黄檀
甫旧藏）

中山纪念碑第一层内景，摄于 1931 年 10
月 10 日（黄檀甫旧藏）（右上）

中山纪念碑碑体内景仰视，摄于 1931 年
10 月 10 日（黄檀甫旧藏）（右中）

中山纪念碑，摄于 1931 年 10 月 10 日（黄
檀甫旧藏）（右下）

（三）广州中山纪念堂及纪念碑现状

广州中山纪念堂及纪念
碑全景1（殷力欣摄于
2011年）

广州中山纪念堂及纪念
碑全景2（殷力欣摄于
2011年）

位于中轴线上的纪念堂
南门楼，摄于2006年
（广州中山纪念堂管理处
提供）

纪念堂庭院南门楼及院内草坪（殷力欣摄于2008年，下同）

南门楼门廊内景（刘锦标摄）（左）

庭院西侧华表（殷力欣摄）（右）

纪念堂及草坪（刘锦标摄）

纪念堂侧影及草坪（殷力欣摄）

纪念像及基座（刘锦标摄）

纪念像正面近景（刘锦标摄）

基座铭刻1（殷力欣摄）（左）
基座铭刻2（殷力欣摄）（右）

纪念堂堂前陶鼎东侧（殷力欣摄）

纪念堂近景俯视，摄于 2006 年（广州中山纪念堂管理处提供）

纪念堂东侧立面（殷力欣摄
于 2009 年，下同）

纪念堂东北角全景（殷力欣摄）

纪念堂天下为公匾额
（刘锦标摄）

正门柱廊侧影（殷力
欣摄）（左）

正门门廊之梁柱（刘
锦标摄）（右）

正门柱廊内（殷力欣
摄）（左）

门廊宫灯装饰（刘锦
标摄）（右）

侧壁窗式（刘锦标摄）

屋檐细部处理（殷力欣摄）

侧立面局部（殷力欣摄）

纪念堂东北角局部（殷力欣摄）

正面抱厦屋脊天狗纹饰（殷力欣摄）

西面抱厦瓦面（刘锦标摄）

顶楼东侧局部（殷力欣摄）

纪念堂东北角墙裙——抗战中日军留下的累累弹痕（殷力欣摄）

窗饰与外景处理（殷力欣摄）

室内楼梯（刘锦标摄）

自正面抱厦俯视庭院
（殷力欣摄于2008年，
下同）

自二层观众席看中央大
厅全景平视（殷力欣摄）

自舞台平视观众席全景
（刘锦标摄）

演讲台碑刻（殷力欣摄）

舞台设备（殷力欣摄）

穹顶（殷力欣摄）

向穹顶过渡部分的装饰（殷力欣摄）

向穹顶过渡部分的明窗之一（殷力欣摄）

顶层全景（殷力欣摄）

顶层局部（刘锦标摄）（左）

纪念碑远景（殷力欣摄于2009年，下同）（右）

纪念碑及台阶（殷力欣摄）（左）

纪念碑近景（刘锦标摄）（右）

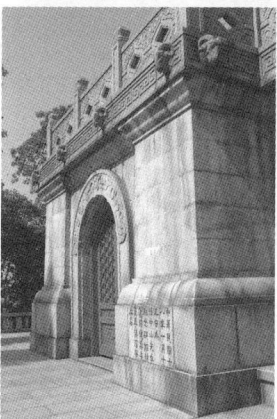

纪念碑侧面（刘锦标摄）（左）

纪念碑基座阶（殷力欣摄）（右）

吕彦直建筑设计资料例选

下　编

253

纪念碑基座细部
（刘锦标摄）

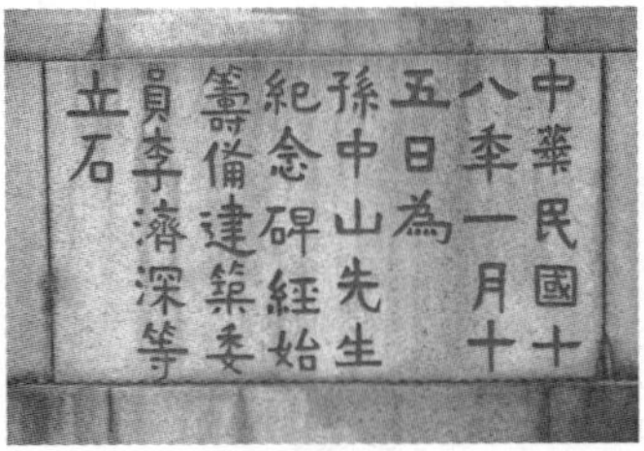

奠基刻石（殷力欣摄）

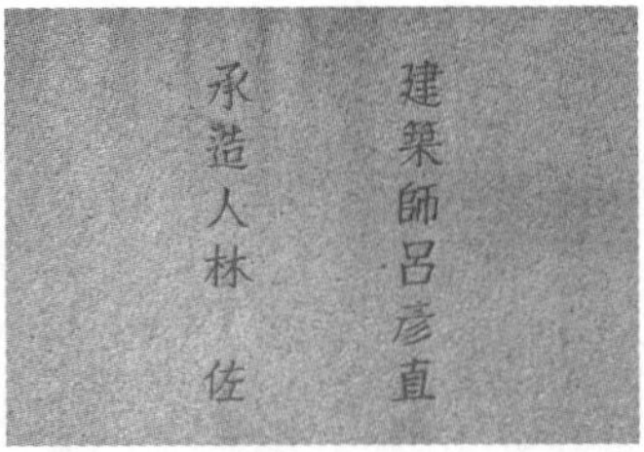

纪念碑设计及施工者铭刻（殷力欣摄）

纪念碑基座及总理遗嘱铭刻台阶
（刘锦标摄）

纪念碑基座大门（刘锦标摄）

纪念碑基座及总理遗嘱铭刻
（刘锦标摄）

纪念碑基座及总理遗嘱铭刻台阶（殷力欣摄）

纪念碑内景——底层（殷力欣摄）

纪念碑内景——底层楼梯（殷力欣摄）

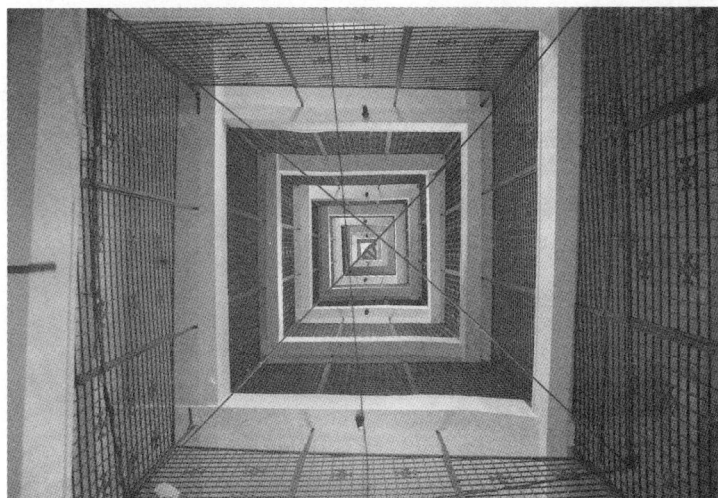

纪念碑内景——通向碑顶的楼梯（刘锦标摄）

吕彦直其他建筑活动资料选编

此部分所含各项，或为习作，或为协助，或为草案，或主要设计者尚存异议，均非吕彦直先生之主要作品。今汇编于此，暂作吕彦直建筑思想研究之旁证资料。

（一）吕彦直毕业设计

吕彦直留学美国期间的设计作业

（二）吕彦直参与金陵女子大学建筑群设计

金陵女子大学建筑群：金陵女子大学于 1915 年开办，由美国建筑师亨利·墨菲规划设计，1922 年开工建设，到 1923 年落成，计有 7 幢宫殿式的建筑：100 号（会议楼）、200 号（科学馆）、300 号（文学馆）、400~700 号（学生宿舍）。1934 年，建造了图书馆和大礼堂。1952 年原金陵女子大学和南京大学师范学院合并成为南京师范学院，金陵女子大学随园成为南京师范大学校园。吕彦直在美留学期间参与过部分设计，其中设计总图上留有吕氏签字。此建筑群为西方建筑师在华"适应性建筑设计"的尝试之作。

吕彦直绘制金陵女子大学校舍图

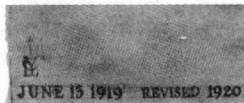

吕彦直绘制金陵女子大学校舍图之签名（赖德霖提供）

金女大旧影 1，摄于 20 世纪 30 年代初（殷力欣收藏）

金女大旧影 2，摄于 20 世纪 30 年代初（殷力欣收藏）

金女大校园现状 1（殷力欣摄于 2011 年，下同）

金女大 100 号楼正立面全景（殷力欣摄）

金女大 100 号楼近景（殷力欣摄）

金女大 100 号楼斗栱布置（错位）（殷力欣摄）

金女大 100 号楼西面（殷力欣摄）

金女大 200 号楼斗栱（李思洋摄于 2015 年）

金女大 200 号楼全景（李思洋摄于 2015 年）

金女大 200 号楼局部（殷力欣摄于 2016 年，下同）

金女大 200 号楼室内（殷力欣摄）

金女大300号楼全景（殷力欣摄）

金女大300号楼檐部（殷力欣摄）

金女大400号楼全景（殷力欣摄）

金女大400号楼局部1——贴
壁柱之雀替（殷力欣摄）（左）

金女大400号楼局部2——门
罩装饰（殷力欣摄）（右）

金女大400号楼局部3——正
脊之烟囱罩（殷力欣摄）

金女大10号楼山面（殷力欣摄）

金女大11号楼山面（殷力欣摄）

（三）吕彦直参与燕京大学建筑群设计

　　燕京大学建筑群：今北京大学主校园——燕园。1921—1926年，由美国建筑师亨利·墨菲主持总体规划和建筑设计，建筑群全部采用了中国古典宫殿的式样。吕彦直在美国留学期间曾参与过此项工程的部分设计，但具体工作尚待查证。此建筑群为西方建筑师在华"适应性建筑设计"的代表作。

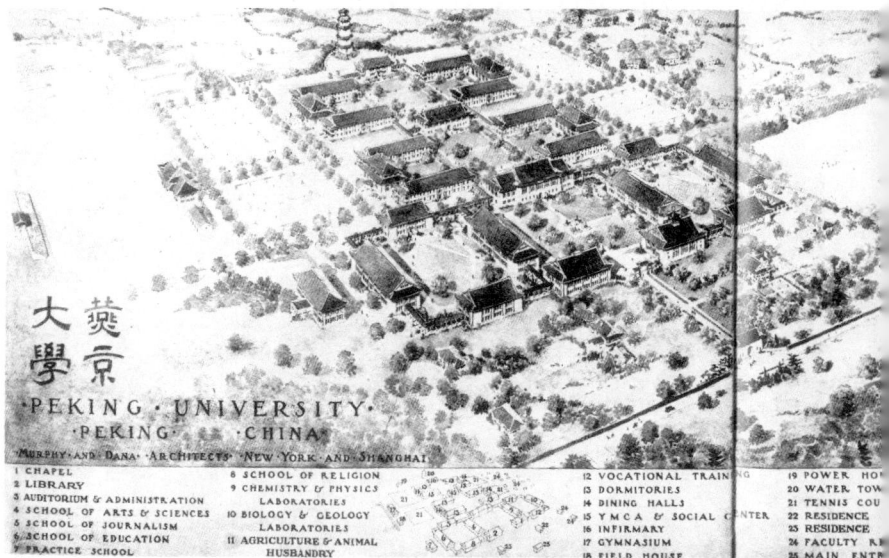

燕京大学设计图（赖德霖提供）

燕京大学主楼全景（殷力欣摄于 2015 年，下同）

燕京大学主楼局部 1（殷力欣摄）

燕京大学主楼局部 2
（殷力欣摄）

燕京大学之红 4 楼 1（李沉摄于 2016 年）

燕京大学之红 4 楼 2（李沉摄）

吕彦直建筑设计资料例选　下　编

263

燕京大学之红4楼3-
内景 - 顶层屋脊桁架现
状（殷力欣摄于2015年，
下同）

燕京大学体育馆外观
（殷力欣摄）（左）

燕京大学体育馆局部
（殷力欣摄）（右）

燕京大学未名湖与博雅
塔（李沉摄于2016年）

（四）上海银行公会大楼

位于上海市香港路59号。1918年，信成、中国通商、四明、浙江兴业等国内银行发起组织上海银行公会，委托东南建筑公司过养默建筑师设计办公楼，吕彦直于1922年加入东南建筑公司后接手此项设计工作。此建筑于1925年竣工，为文艺复兴式，钢筋混凝土结构。其临街正立面正中为五开间柱廊，中部四柱为标准比例的柯林斯式立柱，两端为变形的柯林斯式贴壁方柱；侧立面为前、中、后三部阶梯形布置：前部三层，中部五层，后部七层。此建筑的设计充分考虑到了周边环境因素，与同时期其他西洋风建筑相比，是一个借鉴外来建筑文化而能因地制宜予以变通的设计范例。

上海银行公会大楼正立面图（吕彦直绘于1923年，收藏于上海市城市档案馆）

上海银行公会大楼正立面图局部（吕彦直绘，收藏于上海市城市档案馆）

上海银行公会大楼旧影——有玻璃顶棚的中央大厅

上海香港路街景（殷力欣摄于 2016 年，下同）

上海银行公会大楼全景（自街对面三层楼顶平视）

上海银行公会大楼正立面柱廊（殷力欣摄）

上海银行公会大楼正门（殷力欣摄）

上海银行公会大楼内景——中前部过廊（殷力欣摄）

上海银行公会大楼局部——柱头（殷力欣摄）

上海银行公会大楼局部2——柱头（殷力欣摄）（左上）

上海银行公会大楼局部3——装饰纹样之一（殷力欣摄）（左中）

上海银行公会大楼局部4——装饰纹样之二（殷力欣摄）（左下）

上海银行公会大楼侧立面（殷力欣摄）（右上）

上海银行公会大楼侧门（殷力欣摄）（右下）

（五）中山陵园之廖仲恺墓

位于紫金山南麓之天堡城下，明孝陵以西。墓高 7.5 米，墓基周长 32 米。1926 年国民党中央成立了廖仲恺先生葬事筹备处，在南京紫金山山麓选定了墓址。廖墓初由吕彦直规划设计，后由刘福泰等接任，至 1935 年方完成全部设计。1975 年，廖仲恺夫人何香凝逝世，遗体运至此地与廖仲恺合葬，墓碑重制。

从设计手法看，此墓在墓区前设左右双阙，似乎说明设计者参考了汉代陵墓类建筑的图案资料，为同时期所罕见。

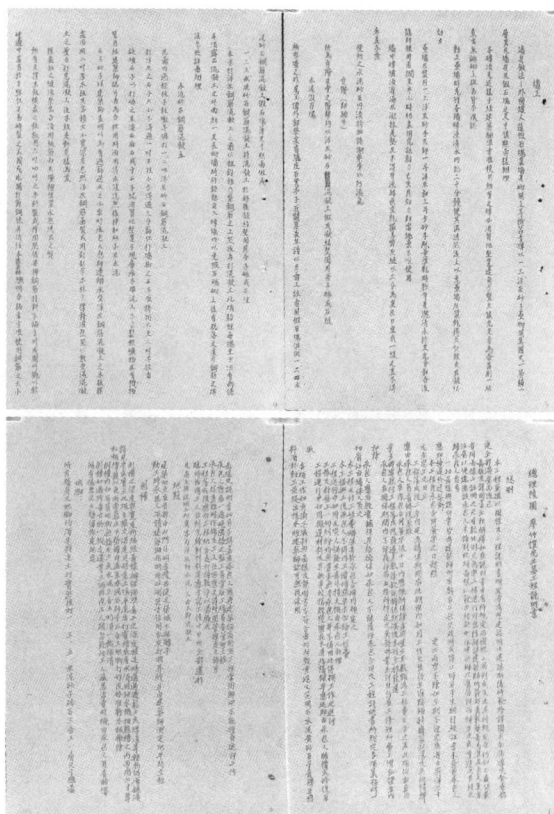

廖仲恺墓工程说明书（南京城建档案馆提供）

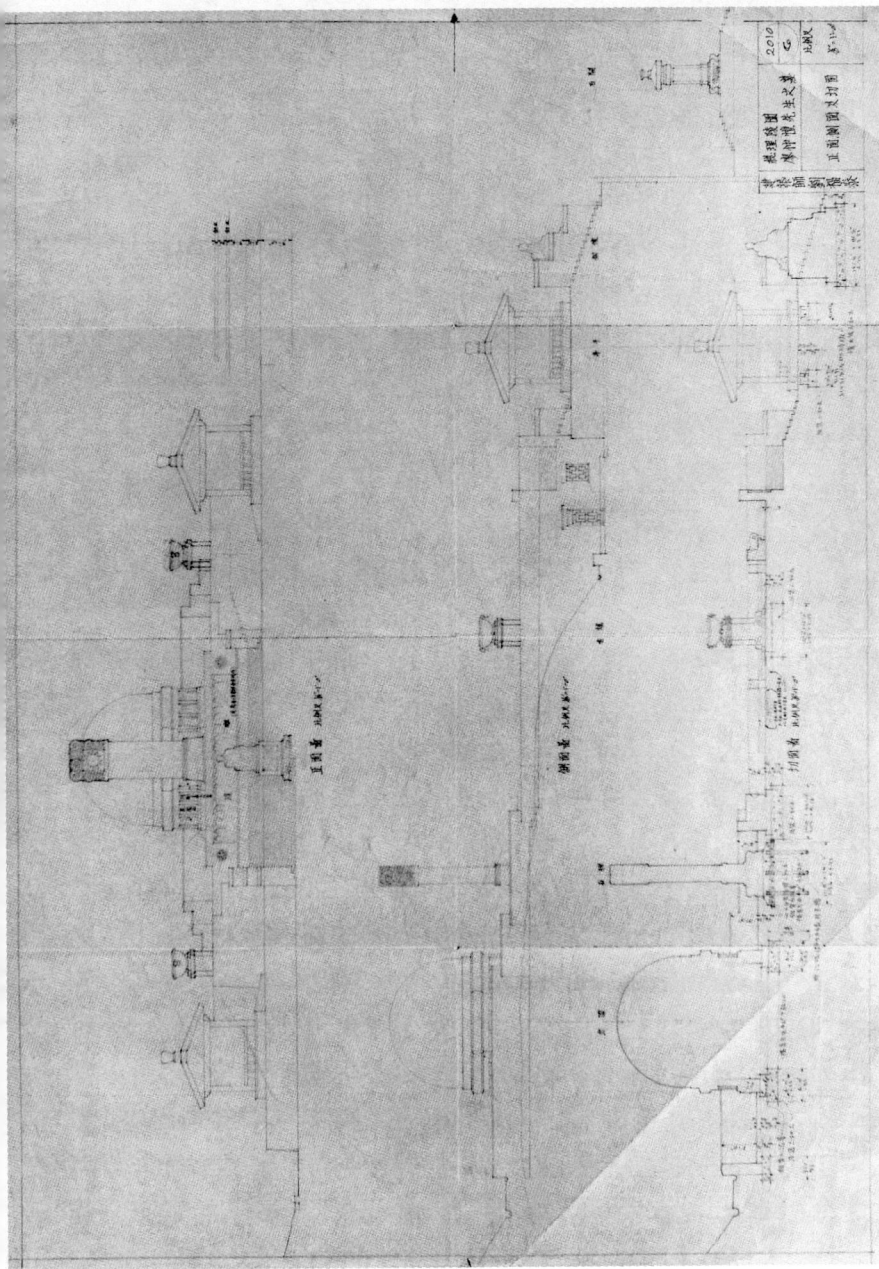

廖仲恺墓设计图 1（南京城建档案馆提供）

廖仲恺墓设计图 2（南京城建档案馆提供）

廖仲恺墓设计图 3（南京城建档案馆提供）

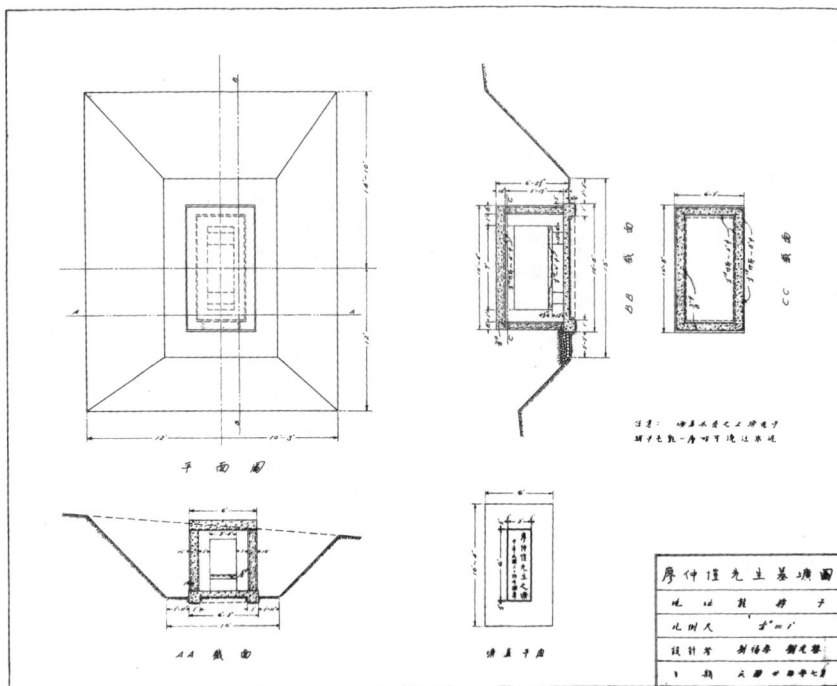

廖仲恺墓设计图 4（南京城建档案馆提供）

廖仲恺墓现状 1——墓道与墓圹（殷力欣摄于 2008 年，下同）

廖仲恺墓现状 2——
墓圹全景（殷力欣摄）

廖仲恺墓现状 3——
墓圹与墓碑侧影（殷
力欣摄）

廖仲恺墓现状 4——
踏道近景（殷力欣摄）

廖仲恺墓现状5——栏杆之雕饰图案（殷力欣摄）

廖仲恺墓现状6——石亭（殷力欣摄）

廖仲恺墓现状7——墓前右阙（殷力欣摄）

廖仲恺墓现状8——墓前右阙之背面（殷力欣摄）

（六）中山陵园之国民革命军遗族学校

位于紫金山南麓，通往中山陵之陵园路东侧至卫岗，曾移用为南京军区卫岗小学，今为前线文工团所在地。吕彦直于1928年年底绘制该校校舍地盘图，后因病改由朱葆初继续绘制校舍设计图纸。该校于1929年2月开工建设，同年9月落成。此建筑群建筑样式仍取中国传统样式，但更接近民居建筑而非官式建筑，风格较以往为朴素，体现了吕彦直建筑思想的另一方面："公众之建设，务宜宏伟而壮丽；私人之起居，宜尚简约。"（详见吕彦直《建设首都市区计划大纲草案·建筑之格式》）

国民革命军遗族学校总平面（节选自《总理陵园管理委员会报告》所附"总理陵园地形全图"）（左）

国民革命军遗族学校旧影 1——鸟瞰（右上）

国民革命军遗族学校旧影 2（选自《良友》第 50 期）（右下）

国民革命军遗族学校旧影 3（选自《良友》第 50 期）　国民革命军遗族学校旧影 4（选自《良友》第 50 期）

吕彦直建筑设计资料例选　下编

国民革命军遗族学校旧影 5

国民革命军遗族学校旧影 6
（殷力欣收藏旧照）

国民革命军遗族学校现状
1——原校门（殷力欣摄于
2016 年，下同）

遗族学校现状2——
原图书馆（殷力欣摄）

遗族学校现状3——
原图书馆（殷力欣摄）

遗族学校现状4——
原图书馆近景（殷力
欣摄）

遗族学校现状 5——原图书馆（殷力欣摄）　　遗族学校现状 6——原图书馆（殷力欣摄）

遗族学校现状 7——原教室之一（殷力欣摄）

遗族学校现状 8——原教室之一（殷力欣摄）

遗族学校现状 9——原教室之二（殷力欣摄）

遗族学校现状 10——原教室之三（殷力欣摄）

遗族学校现状 11——原教室之三（殷力欣摄）

遗族学校现状 12——原教室之三（殷力欣摄）（左）
遗族学校现状 13——原教室之三（殷力欣摄）（右上）
遗族学校现状 14——原宿舍之一（殷力欣摄）（右下）

（七）吕彦直《规划首都都市区图案大纲草案》附图

　　1928 年 7 月，吕彦直将所作《建设首都市区计划大纲草案》
委托夏光宇转呈南京首都建设委员会，吕彦直逝世后，此"草案"
更名为《规划首都都市区图案大纲草案》，刊载于原首都建设委员
会秘书处 1929 年 10 月编印之《首都建设》，文中多有修改，且
无附图。同年，《良友》画报第 40 期以"吕彦直最后遗作"的名
义刊发二图："规划首都都市两区图案"和"国民政府五院建筑设
计"；上海《字林西报》刊载"南京政府中心轮廓鸟瞰图"（即上
文所记"国民政府五院建筑设计"）和"南京政府中心设计图"。

按此三图的内容推测，当为吕彦直《建设首都市区计划大纲草案》之附图，真实反映了他的规划思想和建筑设计风格。图中"吕彦直先生最后遗作""党国公园"等字，则应系"首都建设委员会"命描图人员添加。兹抄录吕彦直《规划首都都市区图案大纲草案》中之相关文字如下：

其一："中央政府区，或即称国府区，位于明故宫遗址。地段既极适合，而其间残迹殆尽，尤便于从新设施。按南京形势，东北屏钟山，西北依大江，受此两方之限制，将来都市发展，必向东南方之高原。"

其二："纬道南部之广袤较北部为大，为中央政府之址。依建国大纲所规定，为中央政府执行五权宪法集中之地，乃全国治权之所出也。全部形作长方，道路布设成经纬。正中设行政院，位于大经道之中，北望国民大会，南瞩建国纪念塔。其左为立法院及检察院，其右为司法院及考试院。东南、东北、西南、西北之隅，则置行政院之各部。将来须增设之部及其他政府附属机关，皆环此而置之。"

现本书选载"规划首都都市两区图案""国民政府五院建筑设计"二图以飨读者，而《字林西报》所载"南京政府中心设计图"（即政府行政院大楼设计方案图），因图像过于模糊，难以影印，只能割舍。

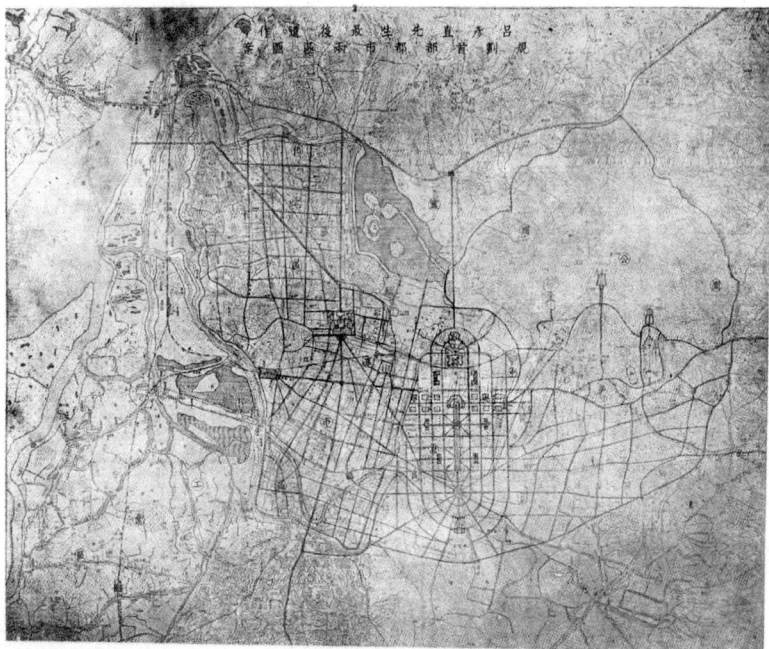

规划首都都市两区图案（原载《良友》第 40 期）

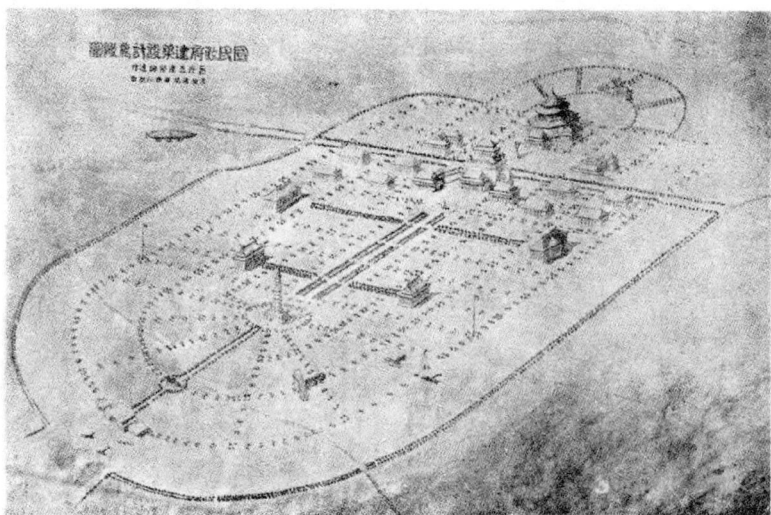

国民政府五院建筑设计（原载《良友》第 40 期）

后　记

　　本书定名为《建筑师吕彦直集传》，意图借用传统经学中"书集传""诗集传"之类的"集传"名目，概要说明本书的性质："集"指传主吕彦直自身的作品集，含建筑设计图稿与新旧照片、文论遗稿（经笔者尝试作文本辨析校订）两部分内容；"传"则是笔者为传主所作评传。将传主的作品集与评传汇编一体，庶几可较为全面地展示其生平、成就与建筑思想。同时，也因吕彦直生平事迹简略，所留作品也数量无多，如此集、传合编，似乎也可为读者提供便利。

　　往往一部书稿即将出版面世之际，作者会有杂陈五味般的思绪充斥胸臆，于是会想到该写个后记赘言一二。这类"后记"大多要对支持、帮助过自己的师长、同侪致以谢忱，本书作者也自不例外。不过，本书作者首先要表达的却不是感谢，而是对中国建筑工业出版社诚心诚意的歉疚——自签订出版合同以来，作为著作者的本人在交稿问题上一拖再拖，总算交稿之后，又对前后三份校样一改再改，生生把累计近千张样稿都弄得活像是顽童涂鸦，以致出版社按惯例审阅三校样稿（常规的"终校稿"）之后，又破例出了一份"加校稿"。对我这样一位初次合作的著作者，这真称得上是一等再等、一忍再忍了。要知道，起初的稿约远在2010年，当时中国建筑工业出版社资深编审杨永生（1931—2012）先生倡议出版"中国建筑名师丛书"，我承接了撰写《吕彦直》的任务。之后，我将最初动议的传记改为评传，又变评传为集传，时间是2013年，距今也有六年之久。

想来唯一能够为我的非常规做法做一点"自欺欺人"的辩解的理由是：这种不厌其烦的宽容，来自出版社对书稿选题的重视（将该选题作为"中国建筑工业出版社学术著作出版基金项目"资助出版）。一忍再忍者与一拖再拖者在一个问题上达成了共识：向读者推介这样一位堪称中国近现代建筑的开创者之一的吕彦直建筑师，有必要尽量把史料梳理方面的疏漏降至最低；对其生平与设计生涯、学术思想等，有必要收录尽可能多的最新发现，虽然这仍不足以突破俗语所谓"无错不成书"的中外出版界定律。

至于如此肆意延宕，获得了一些什么样的发现呢？大致可例举这样几条：在设计中山陵之前，吕彦直曾在上海银行公会大楼设计上对狭窄的周边环境作过一番细致的考量；设计中山陵与广州中山纪念堂的过程中，设计者对瓦顶的材料、装饰图样等做过几次修改；吕彦直文稿《建设首都市区计画大纲草案》中的"国家公园"一词，正式发表时被编辑者改作"党国公园"；其所主张的"中国固有式建筑"，既包括那些雄伟壮丽的纪念建筑，也包括那些质朴无华的生活起居用房……

可能在一些人看来，这些所谓的"新发现"并不那么宏旨攸关，也并不值得让一家出版社一等再等那么长的时间。不过，对我个人而言，这些琐碎细节往往是至关重要的。例如，2017年初考察岭南民居，忽然意识到此地区在宗祠类建筑上普遍使用的屋顶瓦面装饰图样，有可能正是吕彦直设计方案的灵感源头。之后多次翻检吕彦直历次设计图稿而依旧不得印证。忽有一日，一张中山陵施工图的一角在放大镜下浮现"博古尾""天狗"等字迹，恍然想起这几个以前视而不见的名词正是岭南民居中的常用词汇，才大致证实了我起初的推测。这一发现，并没有降低我们对吕彦直设计天才的评价，却更说明了设计者眼界的异常开阔。仅这一个设计细节的求证，即历时数月。

即使这样耗时寻觅、推敲，也还留存了一些有待进一步证实的史料。如上文所说的上海银行公会大楼，尽管目前有诸多记载证明吕彦直至少是重要的合作设计者，也明明知道若干帧留有吕彦直签名的图纸收藏于上海市城建档案馆，但多方设法仍缘悭一面——直至2018年9月，我还曾手持中国建筑工业出版社开具的介绍信，专程赴该馆争取最后查阅的机会，但最终被那里的工作人员以我与我所要查询的建筑物"没有产权关系"为由而委婉拒绝（按此逻辑推理，要想调阅那几份图档，首先得获得产权人的资格。这恐怕得耗资数十亿元把这大楼买下来了，但恐怕即使我有钱买，人家也未必肯卖）。当然，有一幅图已发表在该馆内部刊物上，是允许使用的，可那恰恰是没有签名的一幅。在此记录下这桩趣闻，聊以说明笔者尽管已然尽力，但仍留有一些问题无法查实，只能期待后学诸君们的"有朝一日"了。

此书的编撰终得完稿，笔者至今诧异这般历时近十年的笨功夫竟得到了各方面的悉心关照。首先感谢黄建武、黄建德、黄建文三位前辈向包括笔者在内的研究者们提供家藏珍贵文献资料——黄家两代人为守护吕彦直遗存资料曾付出的种种艰辛，凸显出他们的慷慨无私，更诠释出"学术者，天下之公器"一语是何等的根植于老一辈读书人心底的。感谢杨永生先生（已故）、单霁翔先生和金磊先生等业界权威人士多年来对本人及本课题的扶持，我为有机会成为他们所致力的中国近现代建筑遗产研究与保护计划的工作成员之一而感荣幸。感谢周学鹰、赖德霖、彭长歆、马晓、徐楠、鄢增华诸学友在共享文献资料、探讨学术观点方面的坦诚相待和无保留的指教。感谢历年来南京中山陵管理局、广州中山纪念堂管理处、南京城建档案馆和南京博物院的全力支持，以及国家图书馆、广州市档案馆、上海城建档案馆等机构所提供的不同形式的帮助。再次感谢李鸽、陈海娇等建工出版社编辑对笔者的再三纵容。

本书承蒙前辈刘叙杰教授精心审阅并慨允作序。刘先生入选中学语文教材的名作《巍巍中山陵》，长时间感动着难以计数的青少年，并启蒙相当数量的莘莘学子步入建筑学领域。得到他的首肯，倍感荣幸之余，也深知自身之学识有限。先生之行文，鼓励后学之意实重于嘉许，故今后自当于此无涯学海中砥砺自修。

最后，我把一份感恩呈献给不久前辞世往生的我的父母。记得笔者1968年随父母离开京津故家而远赴云南大三线铁路建设工地，至1971年重返北方，一路辗转舟车，途经南京，父母特意携我兄弟二人前往中山陵拜谒。笔者时年不过九周岁，一路嬉笑玩闹，而一旦踏上那数百阶的甬道，不知不觉萌生一种前所未有的敬仰之感，无须提示，自觉效仿长辈，收敛嬉笑，庄重神色，亦步亦趋随父母至祭堂坐像前鞠躬，又入墓室环行致敬。多年后回想父母当年的凝重神情，似乎是以无言胜有言地提示懵懂髫龄：中山先生是为救中国、救世界而奔走一生的伟人，眼前的这座建筑正与斯人之伟大相称。又是多年之后，我有幸致力于这个研究专项，父母的无言教诲是始终支持我持续探究的动力之一。

是为后记。

本书作者 殳方欣

谨识于北京小汤山寓所

2019年4月23日（农历己亥年三月十九）